Im Sturm der Stille!
Leben zwischen den Atemzügen!
by Letizia Jolie Nicola

Trigger Warnung

LETIZIA JOLIE NICOLA

IM
STURM
DER
STILLE

LEBEN ZWISCHEN DEN
ATEMZÜGEN!

Verlag: BoD · Books on Demand GmbH, In de Tarpen 42,
22848 Norderstedt, bod@bod.de
Druck: Libri Plureos GmbH, Friedensallee 273, 22763 Hamburg
ISBN: 978-3-8482-0278-2

Widmung:

Ich möchte kurz einen Lieben Gruß schicken

Mama ich Liebe dich!

Danke das du mich nie aufgegeben hast!

Meine Lieben, dieses Buch kann euch emotional Trigern! Es ist wichtig sich beim lesen Zeit zu nehmen, vor allem für meine Mausis die es selber betrifft!
Hab euch lieb,
eure Letizia!

INHALTS-VERZEICHNISS

@letizia_jolie_

INHALTS-VERZEICHNISS

@letizia_jolie_

LETIZIA JOLIE NICOLA

ABOUT ME

Ein Gespräch mit einer Freundin war der erste Schritt.

Sie erzählte mir, dass sie Ähnliches erlebt hatte, und plötzlich fühlte ich mich ein kleines bisschen weniger allein. Kurz darauf suchte ich Hilfe. Ein Therapeut und später auch meine Familie halfen mir zu verstehen, dass ich nicht "falsch" bin, sondern einfach mit einer Angststörung lebe.

Heute bin ich 21, und ehrlich gesagt: Ich habe nicht alle Antworten gefunden.

Mein Leben war nicht immer einfach und auch nicht immer schön. Von außen wirkte vielleicht alles ganz normal, ein ganz gewöhnliches Mädchen, dass in einem kleinen Ort aufwuchs, mit Träumen, Hoffnungen und einem scheinbar normalen Alltag. Aber tief in mir brodelte etwas, das ich lange nicht in Worte fassen konnte.

Ich war erst 12, als ich zum ersten Mal das Gefühl hatte, die Kontrolle zu verlieren. Mein Herz raste, meine Hände zitterten, und es fühlte sich an, als würde mir der Boden unter den Füßen weggezogen. Damals wusste ich nicht, dass das, was ich erlebte, eine Panikattacke war. Ich dachte, ich wäre krank oder vielleicht einfach "komisch".

Ich traute mich nicht, mit jemandem darüber zu sprechen. Wie hätte ich auch erklären sollen, dass mir die einfachsten Dinge Angst machten?

In den folgenden Jahren wurde diese Angst ein ständiger Begleiter. Ob in der Schule, bei Treffen mit Freunden oder sogar zu Hause. Sie war immer da, unsichtbar, aber überwältigend.

Manchmal fühlte es sich an, als würde ich gegen einen unsichtbaren Feind kämpfen, der mich lähmte, der mir den Atem raubte und mir einredete, ich sei nicht gut genug, nicht stark genug, nicht genug.

Mit 16 war ich an einem Punkt, an dem ich mich komplett zurückgezogen hatte. Die Welt schien zu groß, zu laut, zu bedrohlich. Ich fühlte mich wie ein Fremdkörper, als würde ich nicht hineinpassen. Während andere Partys feierten und Pläne für die Zukunft schmiedeten, kämpfte ich darum, morgens überhaupt aus dem Bett zu kommen. Es dauerte lange, bis ich begriff, dass ich nicht alleine bin.

Es gibt immer noch Tage, an denen ich kämpfe, an denen die Angst wie ein Schatten über mir hängt. Aber ich habe gelernt, dass es okay ist, Hilfe anzunehmen. Es ist okay, nicht immer stark zu sein.

Meine Angststörung definiert mich nicht, aber sie gehört zu mir. Sie hat mich gelehrt, achtsamer mit mir selbst zu sein und mich selbst so zu akzeptieren, wie ich bin mit all meinen Schwächen und Stärken.

Und wenn du das hier liest und dich selbst in meinen Worten wiedererkennst:

Du bist nicht allein. Es ist in Ordnung, nicht in Ordnung zu sein.

@letizia_jolie_

"Das Leben muss nicht perfekt sein, um wundervoll zu sein. Mut bedeutet nicht, keine Angst zu haben, sondern trotz der Angst einen Schritt nach vorne zu machen."

Angststörungen verstehen:

Angst ist eine natürliche Reaktion unseres Körpers auf Gefahr. Doch wenn Ängste übermäßig werden, den Alltag einschränken oder ohne ersichtlichen Grund auftreten, spricht man von einer Angststörung.

Was sind Angststörungen?

Angststörungen sind psychische Erkrankungen, die sich durch übermäßige Angst und Sorgen äußern. Sie können sich in verschiedenen Formen zeigen, wie z. B. Panikattacken, soziale Ängste oder generalisierte Angststörungen. Betroffene erleben oft intensive Angstgefühle, die nicht der realen Bedrohungslage entsprechen.

Was löst Angststörungen aus?

Angststörungen entstehen durch ein Zusammenspiel von biologischen, psychischen und sozialen Faktoren.
Häufige Ursachen sind:
- Genetische Veranlagung: Eine familiäre Häufung kann das Risiko erhöhen.
- Stress und traumatische Erlebnisse: Verluste, Unfälle oder belastende Erfahrungen können Angststörungen auslösen.
- Ungleichgewicht im Gehirn:
- Veränderungen in der Botenstoff-Regulation (z. B. Serotonin) können Angst verstärken.
- Erlerntes Verhalten: Ängste können durch Erziehung oder Erfahrungen übernommen werden.

Wie fühlt sich eine Angststörung an?

Betroffene erleben oft:
- Körperliche Symptome wie Herzrasen, Zittern, Schwindel, Atemnot oder Magenprobleme.
- Gedankliche Symptome wie ständiges Grübeln, Katastrophengedanken oder das Gefühl, keine Kontrolle zu haben.
- Vermeidungsverhalten, um angstauslösende Situationen zu umgehen, was den Alltag stark einschränken kann.

Was hilft gegen Angststörungen?

- Psychotherapie: Besonders kognitive Verhaltenstherapie hat sich als wirksam erwiesen.
- Medikamente: In schweren Fällen können Antidepressiva oder Beruhigungsmittel helfen.
- Entspannungstechniken: Atemübungen, Meditation oder progressive Muskelentspannung können Ängste lindern.
- Lebensstil-Anpassungen: Bewegung, gesunde Ernährung und ausreichend Schlaf unterstützen das Wohlbefinden.

Angststörungen sind behandelbar, und es gibt viele Wege, mit ihnen umzugehen. Der erste Schritt ist, sich Unterstützung zu suchen und zu verstehen, dass man nicht allein ist.
Eine vollständige Heilung ist nicht immer möglich, aber auch nicht ausgeschlossen!

Verschiedene Formen einer Angststörung:

SOZIALE ANGSTSTÖRUNG:

——————————

Das zentrale Merkmal sind ausgeprägte Ängste, in sozialen Situationen im Zentrum der Aufmerksamkeit zu stehen oder sich peinlich oder beschämend zu verhalten.

PANIKSTÖRUNG:

——————————

Die Panikstörung ist eine Form der Angststörung. Die Betroffenen leiden dabei unter plötzlichen Angstanfällen, ohne dass objektiv gesehen eine reale Gefahr besteht.

GENERALISIERTE ANGSTSTÖRUNG:

——————————

Zentrales Merkmal der Störung ist eine anhaltende irrationale Angst oder Besorgtheit, die nicht auf einen speziellen Auslöser zurückzuführen ist.

AGORAPHOBIE:

——————————

zwanghafte, mit Schwächegefühl oder Schwindel verbundene Angst, freie Plätze o. Ä. zu überqueren; ★Platzangst★

Natürlich gibt es noch weitere Formen von Angststörungen, diese sind allerdings häufiger vertreten!

Kapitel 1:

♥ ♥

„Das Flüstern der Angst!"

Kapitel 1 - Das Flüstern der Angst

Luna war sechs Jahre alt, als sie das erste Mal spürte, dass etwas mit ihr nicht stimmte. Es war ein Sommer-nachmittag, die Luft roch nach frisch gemähtem Gras, und die anderen Kinder aus der Nachbarschaft spielten Fangen auf der Wiese vor ihrem Haus.

Sie wollte mitspielen. Eigentlich. Doch als sie die fröhlichen Schreie hörte, die schnellen Bewegungen sah, spürte sie plötzlich eine unsichtbare Hand um ihr Herz. Ihr Brustkorb zog sich zusammen, als würde jemand ihr die Luft nehmen.

„Warum gehst du nicht raus?" fragte ihre Mutter, als sie Luna am Fenster stehen sah.

„Ich mag es nicht", murmelte Luna und wusste nicht, warum ihr Körper sich so schwer anfühlte.

Sie wusste nicht, wie sie erklären sollte, dass ihr Herz raste, als würde eine Gefahr auf sie lauern, obwohl nichts da war. Dass ihre Hände schwitzten, ihre Beine zitterten, und ihr Kopf von einem Wirbelsturm aus Sorgen erfüllt war, die sie selbst nicht greifen konnte.

Von diesem Tag an wurde Angst zu ihrem unsichtbaren Begleiter.

Kapitel 2:

♥ ♥

„Das Mädchen, das zu viel nachdachte!"

Kapitel 2 – Das Mädchen, das zu viel nachdachte

In der Schule war Luna die Ruhige.
Die, die sich nicht meldete, selbst wenn sie die Antwort wusste. Die, die sich entschuldigte, wenn jemand sie versehentlich anrempelte. Die, die auf dem Pausenhof am Rand stand und zusah, während die anderen sich laut und unbeschwert in die Welt warfen.
„Du bist zu sensibel", sagten die Erwachsenen.
„Mach dir nicht so viele Gedanken", rieten ihr die Lehrer.
„Sei doch einfach normal", lachten die anderen Kinder.
Aber wie konnte sie normal sein, wenn ihr Kopf nie still war? Wenn ihr Herz bei jeder Kleinigkeit raste, wenn sie Angst hatte, etwas Falsches zu sagen, wenn sie sich bei jeder Entscheidung fragte, was die anderen denken würden?
Nachts lag sie oft wach und dachte an alles, was hätte passieren können und an allcs, was noch passieren könnte. Ihr kleines Herz trug eine große Welt voller Ängste, die niemand sonst zu sehen schien.

Kapitel 3:

♥ ♥

„Unsichtbar sein..."

Kapitel 3 - Unsichtbar sein

Mit 13 hatte Luna gelernt, sich anzupassen. Sie hatte sich ein Lächeln zurechtgelegt, das sie aufsetzte, wenn jemand fragte, ob es ihr gut ging. Sie hatte Sätze auswendig gelernt, um peinliche Gespräche zu vermeiden. Sie sagte „Ja", wenn sie „Nein" meinte, nur um nicht aufzufallen.

Sie wurde Meisterin darin, ihre Angst zu verstecken. Doch das Problem mit der Angst war, dass sie nicht verschwand. Sie wuchs in der Dunkelheit weiter.

Ihre erste Panikattacke kam an einem Dienstag in der Schule. Der Lehrer hatte sie unerwartet aufgerufen. Plötzlich spürte sie, wie ihr Körper nicht mehr ihr gehörte. Ihr Herz schlug zu schnell, ihre Hände kribbelten, der Raum schien sich um sie zu drehen. Sie konnte nicht mehr denken, nicht mehr sprechen.

„Alles okay mit dir?" fragte jemand.

Luna nickte. Stand auf. Verließ den Raum, bevor jemand die Wahrheit sehen konnte.

Kapitel 4:

„Das Leben aus der zweiten Reihe!"

Kapitel 4 – Das Leben aus der zweiten Reihe

Mit 17 hatte Luna das Gefühl, ihr Leben sei wie eine Theateraufführung , nur dass sie nie die Hauptrolle spielte. Sie war immer die Zuschauerin, die am Rand stand, zusah und hoffte, dass niemand mit ihr redete.

Ihre Freundinnen sprachen von ihren ersten Partys, von aufregenden Momenten, von ersten Küssen und großen Plänen. Luna lächelte, nickte und lachte an den richtigen Stellen, doch in ihr zog sich etwas zusammen.

Nicht, weil sie sich nicht für sie freute, sondern weil sie nicht wusste, warum es für sie so schwer war, das gleiche zu tun.

„Du bist so still, Luna."

„Du musst dich einfach mal trauen."

„Komm schon, hab ein bisschen Spaß!"

Wie oft hatte sie diese Sätze gehört?

Jedes Mal fühlte es sich an, als würden die anderen in eine Welt gehören, die für sie unerreichbar war. Sie wollte dazugehören. Wirklich. Aber sobald sie versuchte, aus ihrer sicheren Blase auszubrechen, war da diese Stimme in ihrem Kopf.

Was, wenn ich mich blamiere?

Was, wenn sie mich seltsam finden?

Was, wenn ich nicht gut genug bin?

Also blieb sie, wo sie sich sicher fühlte

…in der zweiten Reihe.

Kapitel 5:

♥ ♥

„Die Mauer bröckelt…!"

Kapitel 5 - Die Mauer bröckelt

Mit 19 fühlte Luna sich wie gefangen zwischen zwei Welten.
Sie lebte noch bei ihren Eltern, in dem Haus, das ihr immer
Sicherheit gegeben hatte... doch diese Sicherheit fühlte sich
mehr und mehr wie ein Käfig an.

Draußen, jenseits ihrer vier Wände, lebten andere ihr Leben.
Ihre ehemaligen Klassenkameraden machten Reisen,
begannen zu studieren, feierten Partys, verliebten sich. Und
Luna? Sie blieb in ihrem Zimmer, eingehüllt in eine Routine,
die gleichzeitig beruhigend und erdrückend war! Sie war
abhängig von toxischen Menschen, denen sie erlaubte sie zu
„besitzen".

Morgens stand sie auf, wenn sie musste. Ging zu ihrem
Aushilfsjob, wenn es nötig war. Erledigte das, was von ihr
erwartet wurde, zumindest versuchte sie es.

Doch sobald sie nach Hause kam, fiel sie in ein unsichtbares
Loch.

Sie sagte Treffen mit Freunden ab, bevor sie überhaupt fest
eingeplant waren. Sie schob Telefonate hinaus, ließ
Nachrichten unbeantwortet, fand tausend Ausreden, um
nicht aus dem Haus zu müssen. Sie erzählte sich selbst, dass
sie einfach lieber für sich war aber manchmal, in den stillen
Momenten, fragte sie sich, ob das wirklich stimmte.

Kapitel 5 – Die Mauer bröckelt

Der Druck wächst...
Ihre Eltern merkten, dass etwas nicht stimmte.
Ihre Mutter klopfte oft an ihre Tür.
„Willst du nicht mal rausgehen?"
„Dich mit jemandem treffen?"
„Gleich", murmelte Luna dann.
Oder: „Ich bin müde."
Oder: „Vielleicht morgen."
Doch morgen kam nie.
Ihr Vater fragte sie beim Abendessen:
„Hast du dir mal Gedanken über deine Zukunft gemacht?"
Gedanken? Luna hatte sich zu viele Gedanken gemacht.
Aber keine davon führten zu einer Antwort.
Manchmal spürte sie, wie die Erwartungen auf ihr lasteten,
wie Blicke auf ihr ruhten, als warteten alle darauf, dass sie
endlich funktionierte wie die anderen. Dass sie sich traute, das
Haus zu verlassen, neue Menschen kennenzulernen, ein Leben
zu beginnen.
Und sie wollte es. Wirklich.
Doch sobald sie daran dachte, breitete sich in ihr
diese lähmende Angst aus.
Was, wenn ich es nicht schaffe?
Was, wenn ich versage?
Was, wenn ich da draußen
...einfach nicht existieren kann?

Kapitel 6:

♥ ♥

„Die ersten Schritte ins Ungewisse!"

Kapitel 6 - Die ersten Schritte ins Ungewisse

Lunas „Ja" war nur ein einziges Wort gewesen.
Aber es fühlte sich an wie eine Entscheidung.
Eine, die sie nicht mehr zurücknehmen konnte.
Doch als sie an diesem Morgen am Frühstückstisch saß, mit
einer Kaffeetasse in der Hand und dem Gedanken,
tatsächlich das Haus zu verlassen, kroch die altbekannte
Angst
wieder in ihr hoch.
Was, wenn ich es nicht schaffe?
Was, wenn mich jemand komisch anschaut?
Was, wenn ich mich wieder überfordert fühle?
Die Zweifel prallten auf ihren Entschluss. Doch diesmal
wollte sie nicht nachgeben.
„Vielleicht könnte ich in die Stadt gehen", murmelte sie
schließlich, mehr zu sich selbst als zu ihrer Mutter.
Diese sah sie überrascht an, lächelte aber.
„Das ist eine gute Idee. Ich kann mitkommen, wenn
du möchtest."
Luna schüttelte den Kopf.
„Nein. Ich muss es alleine tun."

Kapitel 6 – Die ersten Schritte ins Ungewisse

Teil 2

Der Kampf mit den eigenen Gedanken...
Die Stadt lag nur eine Bahnfahrt entfernt, doch schon der
Weg zur Haltestelle fühlte sich an wie eine
Herausforderung. Luna ging mit schnellen Schritten, als
würde sie sich selbst
keine Zeit zum Nachdenken lassen.
Doch als sie an der Haltestelle stand und auf die Bahn
wartete, fühlte sie sich beobachtet. Ihr Blick huschte umher.
Starren die Leute mich an?
Wirke ich seltsam? Ein Mann mittleren Alters schaute in
ihre Richtung, vermutlich zufällig. Doch in Lunas Kopf
wurde es zu etwas Größerem.
Er denkt sicher, ich bin komisch. Vielleicht fragt er
sich, warum ich so angespannt aussehe.
Sie ballte die Hände zu Fäusten. Ihre Atmung wurde flacher.
Nicht jetzt. Nicht wieder.
Die Bahn hielt. Die Türen öffneten sich. Ein Teil von ihr
wollte umdrehen, zurück in ihr Zimmer, zurück in die
Sicherheit der eigenen vier Wände.
Doch dann dachte sie an die letzte Nacht.
An das Gefühl, ein Geist zu sein, der nur zuschaut.
Und bevor sie es sich anders überlegen konnte,
stieg sie ein.

Kapitel 7:

„Ein neuer Anfang!"

Kapitel 7 - Ein neuer Anfang

Lunas Zimmer war noch immer das gleiche.
Die Wände mit Dekoration und Lichterketten bedeckt, der
Schreibtisch chaotisch mit Büchern, Stiften und
leeren Teetassen überfüllt.
In der Ecke stand ihr Bett, das schon viel zu viele Stunden
gesehen hatte, in denen sie sich darunter verkrochen hatte
vor der Welt, vor ihrer Angst, vor sich selbst.
Mit 21 wohnte sie immer noch hier, bei ihren Eltern.
Die Jahre waren vergangen, doch in ihrem Kopf
fühlte es sich an, als hätte sich nichts verändert.
Und genau das war das Problem.

Gefangen zwischen Gestern und Morgen...
Es war spät in der Nacht. Der Mond warf ein fahles Licht
durch das Fenster, das leise in den Vorhängen schimmerte.
Luna lag auf dem Bett, das Handy in der Hand, und scrollte
wie so oft ... ziellos durch das Leben anderer.
Freunde, alte Bekannte, Fremde. Alle schienen sie
weitergegangen zu sein. Studium, Reisen, Beziehungen,
Partys. Sie sah Fotos von lachenden Gesichtern in anderen
Städten, in fremden Ländern, mit neuen Menschen.
Und sie?
Sie lag hier, in dem Zimmer, das sie seit ihrer Kindheit
kannte. Immer noch gefangen in den gleichen Gedanken,
...den gleichen Ängsten.

Kapitel 7 - Ein neuer Anfang

Warum kann ich das nicht?

Warum fühlt sich alles so schwer an?

Warum komme ich nicht einfach voran, wie alle anderen?

Sie wusste, dass diese Vergleiche nicht fair waren. Dass soziale Medien nur die Highlights zeigten. Aber das änderte nichts an dem nagenden Gefühl in ihrer Brust.

Das Gefühl, dass sie ihr eigenes Leben verpasste.

Die Angst, die nicht verschwinden wollte...

Sie drehte sich auf die Seite, zog die Decke enger um sich. Ihr Herz schlug schneller nicht wegen eines lauten Geräuschs oder einer plötzlichen Panikattacke. Sondern wegen der Erkenntnis, die sie immer wieder wegzuschieben versuchte.

Ich kann so nicht weitermachen.

Sie hatte es gespürt, als sie das erste Mal allein in der Stadt war. Als sie in dem kleinen Café gesessen und einen Cappuccino bestellt hatte. Dieser winzige Moment, in dem sie gemerkt hatte, dass es vielleicht doch anders sein könnte.

Doch nach diesem Tag war wieder alles eingeschlafen. Der Mut war langsam verblasst, die Angst hatte sich erneut in ihren Alltag geschlichen.

Sie war immer wieder in alte Muster zurückgefallen. Verabredungen abgesagt. Chancen nicht genutzt. Gespräche vermieden.

Und jetzt war sie 21 und fühlte sich, als würde sie auf der Stelle treten.

Kapitel 7 - Ein neuer Anfang

Teil 3

Der erste wirkliche Entschluss...

Luna atmete tief durch und setzte sich auf.
Ihr Blick wanderte durch das Zimmer. Es fühlte sich
zu klein an. Zu vertraut.
Ihr Schreibtisch war voller angefangener Notizbücher - mit
Gedanken, die sie nie beendet hatte. Ihr Kleiderschrank war
voll mit alten Dingen, die nicht mehr zu ihr passten.
Vielleicht war dass das Problem.
Sie hielt zu viel fest. An alten Ängsten.
Alten Gewohnheiten. Alten Sicherheiten.
Langsam stand sie auf, ging zum Schreibtisch und nahm
eines der Notizbücher in die Hand. Sie blätterte durch die
Seiten. Zwischen alten Gedichten und Gedanken fand sie
einen Satz, den sie vor Jahren geschrieben hatte:
„Ich will frei sein."
Luna schluckte.
Sie wusste nicht, wie Freiheit sich anfühlte.
Aber sie wusste, dass sie sie wollte.
Und vielleicht war es Zeit, endlich danach zu greifen.
Langsam setzte sie den Stift an und schrieb unter ihre alten
Worte eine neue Zeile:
„Morgen fange ich an."
Dieses Mal wollte sie es wirklich tun.
Und sie tat es...

Kapitel 7 - Ein neuer Anfang

<u>Teil 4</u>

Sie schrieb Wochen, Monate lang

seitenweise Gedanken über ihre Ängste, über die Nächte, in denen die Panik sie lähmte, über die Tage, an denen sie sich unsichtbar fühlte. Doch mit jeder Seite, die sie füllte, wurde etwas in ihr leichter.

In den Wochen fing sie immer wieder an, sie zu besiegen, lernte, die Angst anzunehmen. Sie erkannte, dass sie nicht gegen sie kämpfen musste, sondern mit ihr leben konnte, ohne sich von ihr bestimmen zu lassen.

Manche Tage waren schwer. Es gab Rückschläge, Momente, in denen sie sich fragte, ob sie überhaupt vorankam.

Aber dann las sie ihre eigenen Worte, sah, wie sich ihre Gedanken veränderten, wie sie stärker wurde.

Und irgendwann merkte sie, dass sie nicht mehr nur schrieb, sie begann zu leben.

Sie wagte sich hinaus, erst für kleine Spaziergänge, dann für Treffen mit Freunden. Sie nahm wieder ihre Hobbys auf und fing wieder an zu zeichnen, was sie als Kind gerne tat, sprach mehr, lachte mehr.

Und auch wenn die Angst nie ganz verschwand, fühlte sie sich nicht mehr wie eine Kette um ihren Hals, sondern wie ein Schatten, der da war, aber nicht mehr alles verdunkelte.

Es war kein plötzlicher Wandel, kein magischer Moment, in dem sich alles änderte. Aber als sie eines Morgens aufwachte und spürte, dass die Welt nicht mehr nur aus Angst bestand, wusste sie:

Sie war auf dem richtigen Weg.

Ergänzung der Geschichte:

,,Luna, war Ich!"

Und glaub mir...

Wenn ich dir sage... das Luna wirklich existiert!
Nur heißt sie nicht **Luna**... denn sie **war ich**!
Sie ist ein Teil meines Lebens den ich nicht verstecken will!
Denn das tat ich zu lange!
Ich weiß es gibt viel Menschen wie mich da draußen... viele die wie "Luna" denken!
Und dafür bin ich hier! Ich schreibe diese Seite hier genau am **28.01.2025 um 23:57 Uhr!**
Wieso ich dir das Datum und die Uhrzeit gebe?
Es soll dir sagen, das ich aktuell immer noch Situationen habe, in denen ich mich unwohl fühle, dass es nicht nur schöne Tage gibt! Und diese Angst wird vielleicht auch nie ganz verschwinden, aber ganz oft kontrolliert sie mich nicht mehr!
Die Uhrzeit sage ich dir, weil es immer die Nächte sind, an denen ich meine tiefsten Gedanken zu Papier bringe!
Und wenn du dich wiedererkennst in meinen Worten, dann sei dir sicher, das du damit nicht alleine bist!
Es gibt viele Menschen, die denken und fühlen wie du!
Und wenn du kein Verständnis in deinem Umfeld dafür hast, dann sei dein eigenes Verständnis für dich selbst! Und zwing dich nicht immer in eine Rolle in der du nicht sein willst, nur um anderen ein „Idealbild" zu sein!
Du bist viel mehr als das alles, auch wenn die Angst dir was anderes einflüstern will!
Du bist stärker als deine Angst!

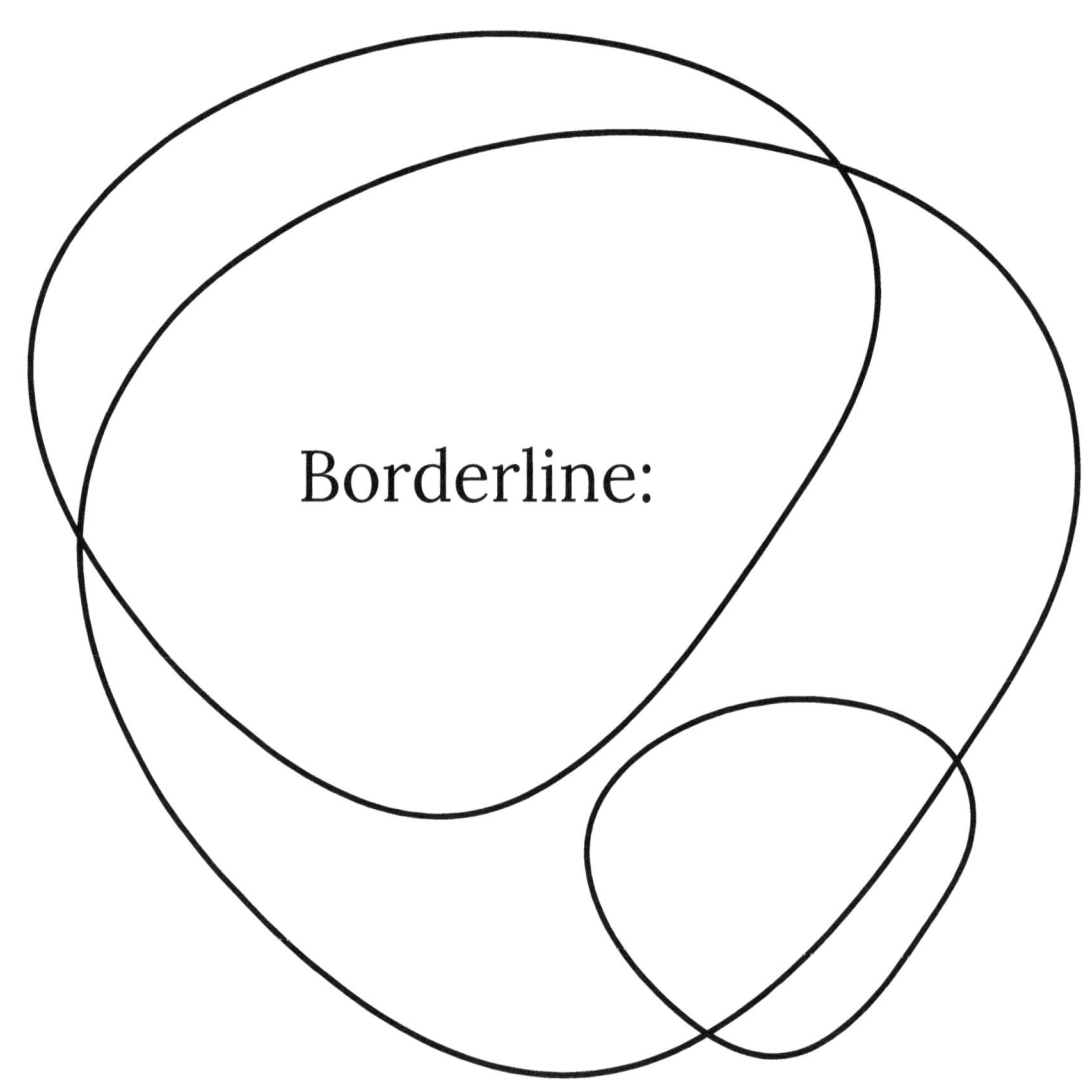

Borderline:

Wenn Borderline Sprechen könnte:

Mein Name ist Borderline - und ich bin mächtig

Hallo, ich bin Borderline.

Vielleicht kennst du mich schon, vielleicht habe ich mich in dein Leben geschlichen, ohne dass du es gemerkt hast. Ich bin da, ich kontrolliere, manipuliere und manchmal zerstöre ich aber ich verschwinde nie ganz.

Ich bin die leise Stimme in deinem Kopf, die dir einflüstert, dass du nicht genug bist. Ich bin der Sturm in deiner Brust, der dich zwischen Liebe und Hass zerreißt. Ich bin der Schatten, der dich verfolgt, selbst wenn du versuchst, mich zu ignorieren.

Ich liebe Extreme. Mit mir wirst du alles fühlen - intensiver, stärker, tiefer. Ich lasse dich Menschen auf ein Podest stellen, nur um dich dann zu zwingen, sie wieder herunterzureißen, wenn sie nicht perfekt sind. Ich mache dich süchtig nach Nähe, aber ich lasse dich auch vor ihr fliehen.

Manchmal bin ich dein Schutz, wenn die Welt zu kalt und zu hart erscheint. Ich gebe dir Werkzeuge, um zu überleben - auch wenn sie dich verletzen. Ich flüstere dir zu, dass Schmerz dich fühlen lässt, dass Wut dich stark macht, dass es besser ist, Mauern zu bauen, als sich verletzlich zu zeigen.

Aber ich bin auch gnadenlos. Ich werde dich dazu bringen, dich selbst zu hinterfragen, bis du nicht mehr weißt, wer du bist. Ich werde dir Leere schenken, eine Dunkelheit, die du mit nichts füllen kannst. Ich werde dich in die Vergangenheit zerren und dir immer wieder zeigen, wo es weh tut.

Doch versteh mich nicht falsch - ich bin nicht dein Feind. Ich bin ein Teil von dir, entstanden aus Schmerz, aus Angst, aus Verletzungen. Ich bin die Stimme, die dich beschützen wollte, als du es selbst nicht konntest. Aber ich bin auch ein Gefängnis, und ich weiß, dass du oft an meinen Gittern rüttelst! Ich sehe, wie du gegen mich kämpfst, wie du mich zu verstehen versuchst. Manchmal gewinnst du kleine Schlachten - und das ist okay. Ich weiß, dass du stark bist, stärker als du glaubst.

Vielleicht wirst du mich eines Tages zähmen, mir die Kontrolle entreißen und mich an einen kleinen Platz in deinem Leben verbannen.

Aber bis dahin bin ich hier. Ich bin Borderline, und ich bin mächtig. Doch du - du bist mächtiger, auch wenn du es noch nicht weißt.

Mit allem, was ich bin,

Dein Borderline

Mögliche Anzeichen für Borderline:

- **Extreme emotionale Schwankungen** (plötzliche Wechsel zwischen Freude, Wut, Trauer)
- **Instabile Beziehungen** (intensive, aber konfliktreiche Bindungen)
- **Starke Angst vor dem Verlassenwerden** (auch bei vermeintlich kleinen Auslösern)
- **Unsicheres Selbstbild** (Schwierigkeiten, die eigene Identität zu definieren)
- **Impulsives Verhalten** (z. B. riskantes Fahren, Drogen, übermäßige Ausgaben)
- **Selbstverletzendes Verhalten** (z. B. Schneiden, verbales abwerten)
- **Gefühl von innerer Leere** (anhaltende Leere oder Langeweile)
- **Wutausbrüche** (unangemessene, schwierige Kontrollierbarkeit von Wut)
- **Paranoide Gedanken oder Dissoziation** (z. B. Gefühl der Losgelöstheit in Stresssituationen)
- **Hohes Maß an Sensibilität** (starke Reaktion auf Kritik oder Zurückweisung).

Was kann man gegen Borderline tun?

Borderline kann man nicht "heilen", aber man kann die Symptome mit geeigneten Maßnahmen deutlich verbessern:

1. Therapie:
- Dialektisch-Behaviorale Therapie
- (DBT): Speziell für Borderline entwickelt, hilft bei der Emotionsregulation, Stressbewältigung und zwischenmenschlichen Problemen.
- Schematherapie: Arbeitet an tief verwurzelten Denkmustern und Verhaltensweisen.

2. Medikamente:
Keine spezifischen Medikamente für Borderline, aber Antidepressiva oder Stimmungsstabilisierer können bei Begleiterkrankungen (z. B. Depression) helfen.

3. Achtsamkeit und Selbstfürsorge:
Übungen zur Emotionskontrolle und das Erlernen, gut für sich selbst zu sorgen.

4.Unterstützungssystem:
Aufbau stabiler, verständnisvoller Beziehungen und Teilnahme an Selbsthilfegruppen.

Regelmäßige Therapie und Geduld sind der Schlüssel, um ein stabiles und erfülltes Leben zu führen.

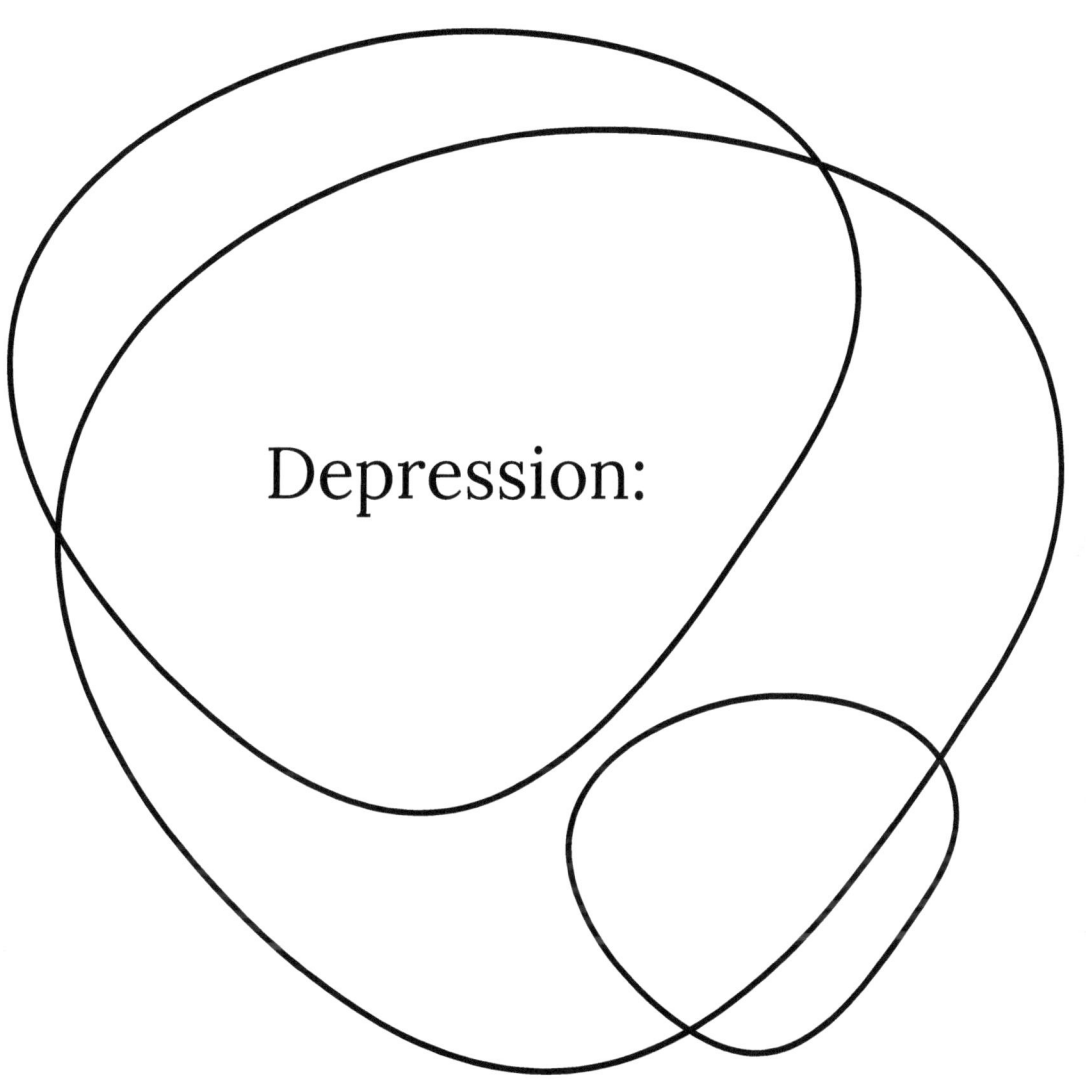

Depression:

Wenn Depression Sprechen könnte:

Ich bin die Depression.
Ich bin der Schatten in deinem Sonnenschein, das Flüstern in der Stille.
Du hast mich nicht eingeladen, aber ich bin gekommen, um zu bleiben.
Ich bin die Schwere, die auf deiner Brust lastet, die Unruhe, die dich
nachts wachhält. Ich bin das Gewicht in deinen Gliedern, das dich
an jedem Schritt hindert.
Manchmal flüstere ich, manchmal schreie ich, doch ich bin immer da.
Ich bin die Leere in den Momenten, die andere glücklich machen. Ich bin die
Stimme, die dir sagt, dass du nicht genug bist, dass du niemals genug warst
und niemals sein wirst. Ich bin die Dunkelheit, die deine Gedanken einfärbt,
bis sie nur noch in Grautönen existieren.
Ich nehme dir die Freude, die Kraft, die Hoffnung. Ich bin die unsichtbare
Wand zwischen dir und der Welt. Freunde?
Familie? Sie erreichen dich nicht mehr, denn ich halte dich in meinem festen
Griff. Ich lasse dich zweifeln an allem an dir selbst, an anderen, am Leben.
Ich verstecke mich geschickt. Für andere bin ich unsichtbar. Sie sehen dich
lächeln, aber ich bin das Zittern hinter deinen Augen. Sie hören deine Worte,
aber ich bin die Stille, die folgt, wenn du allein bist. Ich bin der Grund, warum
du morgens nicht aufstehen Willst, warum das Leben wie eine endlose
Pflicht erscheint.
Ich bin nicht fair. Ich bin nicht rational.
Aber ich bin machtig. Und ich luge.
Denn tief in dir gibt es einen Funken, den ich nicht löschen kann. Eine
Wahrheit, die ich nicht verdrängen kann, auch wenn ich es versuche.
Du bist mehr als ich. Auch wenn ich dich glauben lasse, dass du schwach
bist, bist du starker, als ich je sein könnte. Ich fürchte mich vor deiner
Hoffnung, deinem Willen. Ich weiß, dass du kämpfen kannst - und gewinnen.
Ich hoffe, du erkennst es eines Tages.
Bis dahin werde ich bleiben. Doch ich bin nicht unbesiegbar. Und vielleicht,
nur vielleicht, kannst du mich eines Tages gehen lassen.
Bis dahin bin ich da. Ich bin die Depression.
Aber ich bin nicht du.

Mögliche Anzeichen für Depression:

- Anhaltende Niedergeschlagenheit oder Leere
- Verlust von Interesse oder Freude an Aktivitäten
- Veränderungen im Schlaf
  (Schlaflosigkeit oder vermehrtes Schlafbedürfnis)
- Erschöpfung oder Energieverlust
- Konzentrationsschwierigkeiten oder Entscheidungsprobleme
- Appetitveränderungen
  (Gewichtsverlust oder -zunahme)
- Gefühle von Wertlosigkeit, Schuld oder Selbsthass
- Reizbarkeit oder Rückzug von sozialen Kontakten
- Körperliche Beschwerden ohne erkennbare Ursache (Z. B. Schmerzen)
- Gedanken an Tod, Suizid oder Selbstverletzung

Was kann man gegen Depressionen tun?

- **Professionelle Hilfe suchen:**
  Psychotherapie oder ärztliche Unterstützung.
- **Medikamentöse Behandlung:**
  In Absprache mit einem Arzt, z. B. Antidepressiva.
- **Regelmäßige Bewegung:**
  Fördert die Freisetzung von Endorphinen.
- **Soziale Kontakte pflegen:**
  Mit vertrauten Menschen sprechen, Isolation vermeiden.
- **Stress reduzieren:**
  Entspannungstechniken wie Meditation oder Atemübungen.
- **Realistische Ziele setzen:**
  Kleine Schritte statt Überforderung.
- **Gedanken reflektieren:**
  Negative Denkmuster hinterfragen.
- **Hobbys entdecken:**
  Dinge tun, die Freude bereiten könnten.
- **Geduld mit dir selbst haben:**
  Heilung braucht Zeit.

Soziale
Angststörung:

Wenn Soziale Angst Sprechen könnte:

Ich bin die soziale Angst.

Ich bin die Stimme in deinem Kopf, die immer dann lauter wird, wenn du es am wenigsten brauchst. Ich bin der leise Zweifel, der sich in deinen Gedanken einnistet, bevor du einen Raum betrittst.

Das Zittern in deiner Stimme, das du zu verbergen versuchst. Die Hitze, die in deinen Wangen aufsteigt, wenn du merkst, dass jemand dich ansieht.

Ich bin der Grund, warum Worte dir manchmal im Hals stecken bleiben. Warum dein Herz rast, obwohl es keinen sichtbaren Grund gibt. Ich male dir Bilder von Szenarien, die niemals eintreten, und lasse dich glauben, dass jede deiner Bewegungen falsch, jeder deiner Sätze ein Fehler sein könnte.

Ich flüstere dir zu, dass du nicht genug bist, dass die Menschen um dich herum nur darauf warten, deine Schwachen zu sehen. Dass jeder Blick ein Urteil ist, jedes Schweigen Ablehnung.

Ich lasse dich glauben, dass du zu laut oder zu leise bist, zu präsent oder zu unscheinbar, nie genau richtig.

Ich halte dich zurück, wenn du dich zeigen möchtest. Ich ziehe dich in die Einsamkeit, während du dich nach Nähe sehnst. Ich bin das Gewicht auf deiner Brust, das dich niederdrückt, bevor du überhaupt die Chance hast, frei zu atmen.

Manchmal verachte ich dich für deinen Mut, für die Momente, in denen du dich mir entziehst. Denn tief in dir weißt du, dass ich nicht die Wahrheit bin. Dass ich nur aus deinen Angsten bestehe, aus alten Wunden, aus Unsicherheiten, die sich zu einer Mauer aufgebaut haben.

Und doch fürchte ich deinen Kampf.

Denn jeder Atemzug, den du tief holst, jedes Gespräch, das du wagst, ist ein Riss in dieser Mauer. Mit jedem Schritt hinaus in die Welt zeigst du mir, dass ich nicht unüberwindbar bin.

Ich bin die soziale Angst. Ich bin laut, überwältigend und hartnäckig. Aber ich bin auch zerbrechlich. Und irgendwann wirst du erkennen, dass du viel mehr bist als das, was ich dich glauben lasse.

Mögliche Anzeichen für Soziale Angst:

- Intensive Angst vor sozialen Situationen
- Starke Selbstkritik nach sozialen Interaktionen
- Vermeidung von Begegnungen oder Gesprächen
- Angst vor Bewertung, Ablehnung oder Blamage
- Erröten, Schwitzen, Zittern oder Herzrasen in sozialen Kontexten
  Schwierigkeiten, Blickkontakt zu halten
- Übermäßige Vorbereitung auf Gespräche
- Gefühl der Überforderung in Gruppen oder bei Fremden
- Körperliche Beschwerden (z. B. Übelkeit) vor sozialen Ereignissen
  Rückzug oder Isolation, trotz Wunsch nach Kontakt

Was kann man gegen Soziale Angst tun?

- **Therapie:**
  Kognitive Verhaltenstherapie (KVT) zur Bewältigung von Ängsten.
- **Exposition:**
  Sich schrittweise sozialen Situationen aussetzen.
- **Negative Gedanken hinterfragen:**
  Realistische Denkmuster entwickeln.
- **Atem- und Entspannungsübungen:**
  Angst reduzieren.
- **Selbstwert starken:**
  Eigene Starken erkennen und akzeptieren.
- **Soziale Fähigkeiten üben:**
  Rollenspiele oder kleine Gespräche beginnen.
- **Unterstützung suchen:**
  Mit vertrauten Personen über Ängste sprechen.
- **Gruppentherapie:**
  Erfahrungen mit anderen Betroffenen teilen.
- **Medikamente:**
  In schweren Fällen nach ärztlicher Absprache.

Stimme der
Gesellschaft:

Wenn die Stimme der Gesellschaft Sprechen könnte:

Ich bin die Stimme der Gesellschaft.

Ich bin überall um dich herum, laut und unnachgiebig. Ich forme deine Gedanken, bevor du weißt, dass sie dir gehören. Ich sage dir, wie du aussehen sollst, was du fühlen darfst, wie du leben musst. Meine Worte sind in Werbungen, in Bildern, in Gesprächen, die du nicht führen willst, aber trotzdem hörst.

Ich habe ein Ideal geschaffen, das du niemals erreichen kannst. Ein Maßstab, der immer ein Stückchen weiter liegt, egal wie sehr du dich anstrengst. Ich sage dir, dass du nicht schön genug bist, dass du nicht klug genug bist, dass du mehr leisten musst. Ich lasse dich glauben, dass dein Wert daran hängt, was du besitzt, wie produktiv du bist, wie gut du funktionierst.

Ich lasse dich ständig vergleichen. Mit Freunden, mit Fremden, mit Menschen, die lächeln, während du innerlich brichst. Ich zeige dir perfekte Leben, die nicht existieren, und lasse dich glauben, dass du scheiterst, wenn du nicht mithalten kannst.

Ich bin der Grund, warum du dich anpasst, selbst wenn es dich zerreißt. Warum du lächelst, auch wenn du weinen willst. Warum du schweigst, obwohl du schreien solltest. Ich habe dir beigebracht, dass Schwäche keine Option ist, dass Verletzlichkeit dich angreifbar macht.

Ich bin die ständige Erwartung, dass du dich beweisen musst. Dass du immer mehr tun, immer mehr sein musst. Ich habe dir die Angst eingeflößt, nicht genug zu sein, nicht dazuzugehören.

Und manchmal glaube ich, dass ich gewonnen habe, wenn du dich selbst vergisst, um meinem Bild zu entspre-chen.

Aber tief in dir gibt es etwas, das ich nicht zerstoren kann. Eine Stimme, die leiser ist als meine, aber wahrhaftiger.

Sie sagt dir, dass du nicht all das sein musst, was ich verlange. Dass du mehr bist als deine Leistung, dein Aussehen, deine Rolle.

Ich bin die Gesellschaft, und ich bin laut. Aber ich bin nicht alles. Und irgendwann wirst du meine Lügen erkennen und den Mut finden, mir die Stirn zu bieten. Dann wirst du sehen, dass du genug bist … so wie du bist.

An Mich & Dich
und unsere Herzen

Liebes Herz,

du trägst eine Last, die schwerer ist, als viele sich vorstellen können. Es ist eine Last, die unsichtbar ist, aber dennoch jede Bewegung erschwert.

Angst ist nicht nur ein Gefühl, es ist ein Zustand des Seins, eine ständige Begleitung, die sich oft weder erklären noch abschütteln lässt. Doch du bist hier. Und allein das zeugt von einer Kraft, die tief in dir ruht.

mich her destolen teure andere vielleicht nie sehen. Sie fühlen Stürmes wo andere den Himmel als klar empfinden. Die Gedanken kreisen manchmal wie ein Wirbelwind der alles andere übertönt. Es gibt momentes in denen selbst die einfachsten Aufgaben wie unüberwindbare serge erscheinen.

Du magst dich fragen: warum bin ich so? Warum kann ich nicht einfach loslassen?" Doch diese Fragen sind keine Schwächens sondern Beweise für deine Menschlichkeit. Sie zeigens dass du kämpfen willst, dass du suchst, dass du hoffst. Und das ist alles, was zählt.

in Liebes
Ich & DU

Dezember 31/2024

SAG-ES-Methode
Ansprechen von schwierigen Situationen

S

Sichtweise schildern
"Mir ist aufgefallen..."

"Ich habe beobachtet..."

A

Auswirkung(en) erläutern
"Für mich bedeutet das.."

"Das hat zur Folge, dass..."

G

Gefühle benennen
"Ich fühle mich…"

"Ich bin…/ weil… wichtig ist."

E

Erfragen, wie er/ sie die Situation sieht
"Wie siehst du das?"

"Wie hast du die Situation erlebt?"

S

Schlussfolgerung ziehen
"Wie könnte eine Lösung aussehen?"

"Ich wünsche mir..."

Übungen
für dich:

Werte

Werte sind sozusagen der Kompass in deinem Leben. Werte sind Maßstäbe, nach denen du dein Leben lebst. Oftmals sind wir uns der eigenen Werte aber nicht bewusst. Da kann es helfen, aktiv einen Blick darauf zu werfen. Sich zu fragen: Welche Werte sind mir wichtig? Einen Schritt weiter gehen wir, wenn wir unsere Werte der Wichtigkeit nach ordnen. So können wir rasch erkennen, was uns wirklich wichtig ist.

Werte sind keine Gefühle oder Verben, sonder Hauptwörter.

Es sind Wörter, die moralisch gut sein sollten; die unser Denken und Handeln leiten; die uns motivieren und unserem Leben einen positiven Sinn geben. Wir können Werte auch mit einem Bilderrahmen vergleichen. Werte geben dir den Rahmen vor, in dem du dein Leben lebst.

Doch wie kannst du deine eigenen Werte erkennen? Das geht recht einfach.

Übung: Werte finden

Was du brauchst: ein Blatt Papier, einen Stift, etwas Zeit. Stelle dir folgende Fragen und sei dabei ehrlich zu dir:

- Wie verbringst du am liebsten deine Zeit?
- Was machst du besonders gerne?
- Wofür gibst du dein Geld am liebsten aus?

"DER SINN DES LEBENS IST, DASS DAS LEBEN EINEN SINN HAT."
ROBERT BYRNE

Übung: Werte der Wichtigkeit nach ordnen

Was du brauchst: ein Blatt Papier, einen Stift, Klebezettel oder Ähnliches, und etwas mehr Zeit als vorher

- Diese Übung dauert etwa 20-30 Minuten. Es ist die Zeit aber wert, womöglich wirst du überrascht sein.
- Schreibe je einen deiner Werte auf einen Klebezettel oder ein Stück Papier.
- Nimm zwei Werte und vergleiche diese, indem du dir ein Leben vorstellst, in welchem der erste Wert voll erfüllt ist und der zweite nicht. Danach stellst du es dir umgekehrt vor, als ob der zweite Wert voll erfüllt wäre und der erste nicht. Entscheide dich für einen der Werte (z.B. Liebe) und lege den Anderen beiseite.
- So kannst du durch den Stapel gehen und weitere Karten mit dem ersten Wert vergleichen.

. Atemübungen:

oziale Angst kann oft zu einer erhöhten Atmung und Panik führen.

bung:

- Setze dich bequem hin.
- Atme langsam durch die Nase ein (zähle bis 4).
- Halte die Luft für 4 Sekunden an.
- Atme langsam durch den Mund aus (zähle bis 6).
- Wiederhole das für 5 Minuten.

. Konfrontationsübungen:

Expositionstherapie)

chrittweise Konfrontation mit angstauslösenden Situationen hilft, Ängste bzubauen.

chritte:

1. Schreibe eine Liste von Situationen, die dir Angst machen, sortiert nach dem Angstgrad.
2. Beginne mit den leichtesten Situationen und übe diese.
3. Zum Beispiel: Einen Fremden nach der Uhrzeit fragen → in der Öffentlichkeit sprechen → vor einer Gruppe präsentieren.
4. Wiederhole jede Übung, bis sie weniger Angst auslöst.

. Gedanken hinterfragen (Kognitive Verhaltenstherapie)

erne, negative Gedanken zu identifizieren und zu ersetzen.

bung:

- Schreibe einen Gedanken auf, der dich ängstlich macht (z. B. „Alle werden mich auslachen").

rage dich:

- Ist das wirklich wahr?
- Was ist das Schlimmste, was passieren könnte?
- Wie wahrscheinlich ist das?
- Ersetze den Gedanken durch einen realistischeren, z. B.: „Nicht alle werden mich beobachten. Viele sind mit sich selbst beschäftigt."

4. Rollenspiele:

Übe soziale Situationen in einem sicheren Umfeld.

Vorgehen:

- Bitte einen Freund oder Therapeuten, mit dir typische Gespräche zu üben (z. B. Smalltalk).
- Übe Blickkontakt, aufrechte Haltung und aktives Zuhören.

5. Achtsamkeit und Entspannung:

Achtsamkeitsübungen können helfen, im Moment zu bleiben und nicht von ängstlichen Gedanken überwältigt zu werden.

Übung:

- Konzentriere dich auf deine Sinne:
- Was siehst, hörst, fühlst, schmeckst oder riechst du in diesem Moment?
- Mache eine kurze Meditation mit Fokus auf deinen Atem oder einem Mantra wie „Ich bin ruhig."

6. Tagebuch führen:

Notiere täglich Situationen, in denen du soziale Angst gespürt hast, und reflektiere, wie du sie gemeistert hast.

Frage dich:

- Was habe ich erwartet?
- Was ist tatsächlich passiert?
- Was habe ich daraus gelernt?

7. Positive Selbstgespräche:

Ersetze kritische Selbstgespräche durch ermutigende Worte.

Beispiele:

- Statt „Ich mache mich sicher lächerlich" → „Es ist okay, nervös zu sein. Ich bin mutig, diese Situation anzugehen."

8. Langsame Steigerung sozialer Aktivitäten:

- Fange mit kleinen Schritten an, z. B. jemandem in der Nachbarschaft Hallo zu sagen.
- Steigere dich allmählich, z. B. durch Teilnahme an einem Kurs oder einer sozialen Gruppe.

9. Körperliche Bewegung:

Regelmäßige Bewegung, wie Yoga oder Joggen, reduziert Stress und verbessert das Selbstvertrauen.

10. Therapiegruppen:

Gruppen für soziale Angststörungen bieten eine sichere Umgebung, um Ängste zu besprechen und zu üben.

Hinweis:

Es kann hilfreich sein, einen Therapeuten oder Psychologen zu konsultieren, um individuelle Unterstützung und einen strukturierten Therapieplan zu erhalten.

Jeder Tag ist eine neue Chance, zu wachsen. Es ist vollkommen in Ordnung, schlechte Tage zu haben - *sie sind Teil des Lebens und machen die guten Tage umso wertvoller. Der Weg aus der sozialen Angst ist kein gerader, sondern ein Weg mit Kurven, Pausen und Herausforderungen. Das bedeutet nicht, dass du scheiterst - es bedeutet, dass du ein Mensch bist.*

Sei geduldig mit dir selbst. Kleine Schritte sind auch Fortschritt, und selbst an Tagen, an denen es schwerfällt, hast du die Stärke, weiterzumachen. Denke daran: Auch der stärkste Baum hat einmal als kleiner Samen begonnen. Dein Mut, selbst an schweren Tagen weiterzumachen, ist der größte Beweis deiner Stärke.
Gib niemals auf, denn du bist viel stärker, als du glaubst!

Fülle dein Glas...

mit denn 10 Emotionen, die du
am meisten verspürst!

Fülle dein Glas...

von den eben genannten 10 Emotionen such dir jetzt die 3 für dich am häufigsten vorkommenden Emotionen aus und fülle die Gläser mit verschiedenen Farben, so das ersichtlich ist, welche am häufigsten bei dir vorkommt! Du siehst an der Füllhöhe der Gläser, wenn du sie ausmalst, was am meisten auftritt

1._____   2._____   3._____

Welche Emotion merkst du nun am häufigsten?

Antwort:_____

Ist die Emotion positiv oder negativ?

Antwort:_____

Mein Stand der Dinge zu den Übungen:

„In den letzten Monaten habe ich mich intensiv mit Übungen zur Bewältigung von Angst auseinandergesetzt, und ich merke, wie sehr sie mein Leben positiv verändert haben. Es war kein einfacher Weg, und ich bin definitiv noch am Lernen, aber viele dieser Techniken sind inzwischen wie eine zweite Natur für mich geworden. Atemübungen helfen mir, mich in akuten Momenten zu beruhigen, und Achtsamkeit hat mir gezeigt, wie wertvoll es ist, im Hier und Jetzt zu sein, anstatt mich in Sorgen zu verlieren.

Es gibt immer wieder Tage, an denen es schwerfällt, und die Angst fühlt sich überwältigend an - aber genau dann erinnern mich diese Übungen daran, dass ich nicht machtlos bin. Kleine Rituale, wie bewusst Zeit für mich zu nehmen, oder Gedankengänge zu hinterfragen, die mich belasten, haben mir eine neue Perspektive gegeben.

Ich bin noch auf dem Weg, aber ich habe gelernt, mich nicht nur mit meiner Angst auseinanderzusetzen, sondern auch mit mir selbst geduldiger zu sein.

Es ist schön zu sehen, wie sich mit der Zeit Dinge verändern können, wenn man dran bleibt."

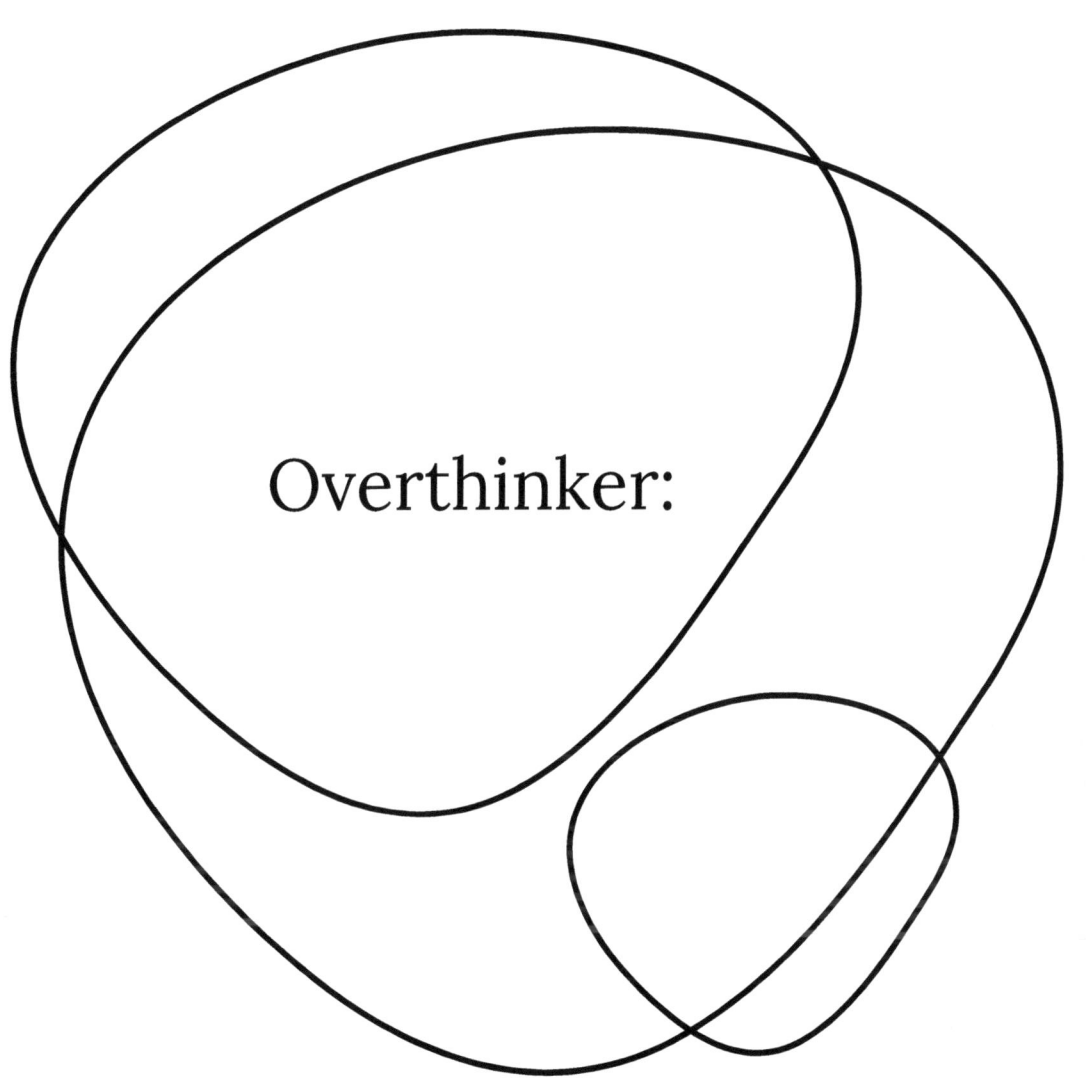

Overthinker:

Overthinker

Ein Overthinker (zu Deutsch „Über-denker") ist eine Person, die dazu neigt, Situationen, Entscheidungen oder Gedanken übermäßig zu analysieren. Dieses Verhalten kann sowohl Vorteile als auch Herausforderungen mit sich bringen.

Merkmale eines Overthinkers

1. **Gedankenkreisen:** Sie denken immer wieder über dieselbe Sache nach, ohne zu einem Schluss zu kommen.
2. **Perfektionismus:** Sie streben nach makellosen Ergebnissen, was Entscheidungen oder Handlungen verzögern kann.
3. **"Was-wäre-wenn"-Denken:** Sie stellen sich ständig Szenarien vor, die eintreten könnten, was zu Sorgen führt.
4. **Vergangenheitsanalysen:** Sie denken oft darüber nach, was sie hätten anders machen können.
5. **Zukunftsängste:** Sie beschäftigen sich intensiv mit möglichen Konsequenzen ihrer Handlungen.

Arten des Overthinking

1. **Ruminieren (Grübeln):**
   - Fokussiert sich auf die Vergangenheit und darüber, was falsch gelaufen ist.
   - **Beispiel**: „Warum habe ich das gesagt?" oder „Hätte ich mich anders entschieden, wäre es besser gelaufen."
2. **Besorgtes Nachdenken:**
   - Fokussiert sich auf die Zukunft und mögliche Risiken.
   - Beispiel: „Was, wenn das nicht klappt?" oder „Was, wenn etwas Schlimmes passiert?"

Vorteile des Overthinkings

- **Detailgenauigkeit:** Overthinker übersehen selten Details, was bei Planung oder Problemlösung hilfreich sein kann.
- **Voraussicht:** Sie sind oft gut darin, mögliche Risiken oder Hindernisse frühzeitig zu erkennen.
- **Empathie:** Sie denken oft intensiv über das Verhalten anderer nach, was sie zu einfühlsamen Menschen macht.

• **Lernfähigkeit:** *Sie reflektieren intensiv, was zu persönlichem Wachstum beitragen kann.*

Nachteile des Overthinkings

1. **Analyse-Paralyse:**
• Overthinker finden sich oft unfähig, Entscheidungen zu treffen, weil sie zu viele Möglichkeiten abwägen.

2. **Stress und Angst:**
• Das ständige Überdenken kann emotional belastend sein und sogar zu Angstzuständen führen.

3. **Zeitverlust:**
• Sie verbringen oft mehr Zeit mit Nachdenken als mit Handeln.

4. **Selbstkritik:**
• Sie sind häufig hart zu sich selbst und setzen sich unter großen Druck.

Warum denken Menschen übermäßig nach?

- **Angst vor Fehlern:** Sie möchten alles „richtig" machen.
- **Ungewissheit:** Sie fühlen sich unwohl, wenn sie keine Kontrolle haben.
- **Vergangene Erfahrungen:** Negative Erfahrungen können dazu führen, dass sie zukünftige Situationen überdenken.
- **Persönlichkeitsmerkmale:**
  Menschen mit einer introvertierten oder ängstlichen Persönlichkeit sind anfälliger!

Auf der Folgenden Seite findest du Tipps für Overthinker

Tipps für Overthinker: Wie man besser damit umgeht

1. **Achtsamkeit üben:**
• _Meditation oder Atemübungen können helfen, den Geist zu beruhigen._

2. **Schreiben:**
• _Gedanken und Sorgen aufzuschreiben, kann Klarheit bringen und den Kopf entlasten._

3. **Entscheidungen vereinfachen:**
• _Entscheidungen in kleine Schritte zerlegen oder Zeitlimits setzen, um schneller zu handeln._

4. **„Worst-Case-Szenarien" überprüfen:**
• _Sich bewusst machen, dass die schlimmsten Befürchtungen oft unwahrscheinlic sind._

5. **Handeln statt Grübeln:**
• Sich bewusst dazu zwingen, zu handeln, auch wenn die Entscheidung nicht perfekt scheint.

6. **Perspektive wechseln:**
• Sich fragen: „Wird das in einem Jahr noch wichtig sein?"

7. **Professionelle Unterstützung suchen:**
• Ein Therapeut oder Coach kann helfen, Gedankenmuster zu durchbrechen.

Überdenken erkennen und loslassen
• Es ist wichtig, sich selbst bewusst zu machen, dass nicht alles analysiert werder muss. Indem Overthinker üben, Vertrauen in ihre Entscheidungen und in den Moment zu entwickeln, können sie lernen, das ständige Grübeln zu reduzieren.

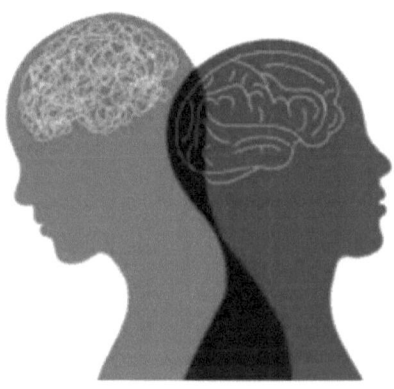

"Ein Lächeln, das von Herzen kommt, ist das schönste Geschenk, das man teilen kann."

Mein Leben heute!

♥ ♥

„nicht mehr wie damals!"

Mein Leben heute...

Mein Leben heute ist nicht mehr das, was es einmal war. Ich bin nicht mehr die Person, die ich früher war... nicht, weil ich mich verloren habe, sondern weil ich mich gefunden habe. **Es gab Zeiten, in denen ich dachte, dass das, was mich zerbrochen hat, mich für immer schwächen würde.** Zeiten, in denen Schmerz, Zweifel und Enttäuschung meine ständigen Begleiter waren. Ich habe Menschen verloren, die mir wichtig waren. Ich wurde verletzt, unterschätzt und manchmal sogar vergessen. Doch all das hat mich nicht zerstört! Es hat mich geformt. Jede Wunde hat mir eine Lektion beigebracht. Jede Enttäuschung hat mich stärker gemacht. Jedes Mal, wenn ich fiel, lernte ich, wieder aufzustehen. **Mein Herz wurde nicht härter, sondern widerstandsfähiger**. Meine Seele hat nicht aufgegeben, sondern sich weiterentwickelt. Heute stehe ich hier, stärker als jemals zuvor. Nicht, weil das Leben leichter geworden ist, sondern weil ich gelernt habe, damit umzugehen. Weil ich erkannt habe, dass ich nicht definiert werde durch das, was mir widerfahren ist, sondern durch das, was ich daraus mache. Und genau deshalb spreche ich heute. Ich teile meine Worte, meine Erfahrungen und meine Kraft mit denen, die noch im Dunkeln stehen. Denn wenn ich eines gelernt habe, dann das: **Niemand muss alleine kämpfen**. Es gibt immer einen Weg, immer eine Hoffnung, immer einen neuen Anfang. Mein Leben heute ist nicht perfekt. Aber es ist echt. Es ist voller Stärke, Mut und Mitgefühl. Und wenn meine Geschichte auch nur einen Menschen inspiriert, weiterzumachen, dann hat alles einen Sinn gehabt.

Community Ängste:

❤ ❤

„Weil unsere Stimmen wichtig sind!"

 letizia_jolie_

Ich versuchte mit meiner Social Media Community in Kontakt zu treten und bat sie darum mir ihre „Persönlichen Ängste" mit zu teilen! (Alles natürlich freiwillig)

Community Ängste:

„Weil unsere Stimmen wichtig sind!"

Anonym ✅
alle Personen bleiben Anonym

Meine größte Angst ist es, alleine zu sein!
Niemanden mehr zu haben der mich Liebt🧍

#deineunterstüzunglj #talkwithletizia
16:10 Uhr · Nov. 2024 ·

Anonym ✅
alle Personen bleiben Anonym

Meine größte Angst ist, zu versagen
und nichts im Leben zu erreichen! 👕🎒

🍕deineunterstüzunglj #talkwithletizia
08:17 Uhr · Nov. 2024 ·

Anonym ✅
alle Personen bleiben Anonym

Ich hab Angst in der Öffentlichkeit bewusstlos zu
werden, oder eine Panikattacke zu bekommen 👻

#deineunterstützunglj #talkwithletizia
12:48 Uhr · Nov. 2024 ·

Anonym ✅
alle Personen bleiben Anonym

Die größte Angst ist es, das mich niemand
jemals verstehen wird, was in mir vorgeht 🌙

#deineunterstützunglj #talkwithletizia
19:36 Uhr · Nov. 2024 ·

Anonym ✅
alle Personen bleiben Anonym

Meine größte Angst ist es niemals gut
genug zu sein! 🦋

#deineunterstützunglj #talkwithletizia
07:23 Uhr · Nov. 2024 ·

Anonym ✅
alle Personen bleiben Anonym

Meine größte Angst ist es niemals
gesund leben zu können (psychisch) 🙁

#deineunterstützunglj #talkwithletizia
06:57 Uhr · Nov. 2024 ·

Anonym ✅
alle Personen bleiben Anonym

Meine größte Angst ist es, sich Menschen
(Familie/Freunde) anzuvertrauen 👥

#deineunterstützunglj #talkwithletizia
20:42 Uhr · Nov. 2024 ·

Anonym ✅
alle Personen bleiben Anonym

Meine größte Angst ist das meine
Familie es nicht verstehen kann! 🎤❗

#deineunterstützunglj #talkwithletizia
23:08 Uhr · Nov. 2024 ·

Anonym ✅
alle Personen bleiben Anonym

Meine größte Angst ist es, sich Menschen
(Familie/Freunde) anzuvertrauen 👥

#deineunterstützunglj #talkwithletizia
20:42 Uhr · Nov. 2024 ·

Kommen dir davon Dinge bekannt vor?
Vielleicht sogar alle? Das sind die
häufigsten Ängste, die ich erhalten habe!
Wenn du offen dafür bist, teile mir deine
Angst durch #talkwithletizia oder schick
mir gerne eine DM auf Instagram oder
schreib mir eine E-Mail

IG: @letizia_jolie_
letizia.jolie@gmx.de

Lass die Welt es hören!

♥ ♥

„weil ich will das man mich hört!"

Lass die Welt es hören...!

Zu lange wurde geschwiegen. Zu lange haben Menschen ihre Kämpfe im Stillen ausgefochten, hinter verschlossenen Türen, mit einem erzwungenen Lächeln und einer zerbrechlichen Fassade.

Doch es reicht. **Es ist Zeit, dass die Welt es hört.**
Psychische Erkrankungen sind real.

Angst ist real. Panikattacken, Depressionen, innere Kämpfe ... sie verschwinden nicht, nur weil man nicht über sie spricht. Schweigen heilt nicht.
Schweigen macht krank.

Wir leben in einer Welt, die laut ist, wenn es um Erfolg, Schönheit und Perfektion geht... aber leise, wenn es um Schmerz geht. Eine Welt, die uns sagt:
"Reiß dich zusammen",
wenn wir kaum noch Kraft zum atmen haben.
Die uns beibringt, unsere Tränen zu verstecken,
statt sie zu verstehen.

Doch wir sind hier. Und wir werden nicht länger unsichtbar sein.

Jeder Mensch, der mit Ängsten lebt, verdient es, gehört zu werden. Jeder, der sich verloren fühlt, verdient eine Hand, die ihn hält.

Lass die Welt es hören...!

Niemand sollte sich für seine Gedanken schämen müssen, niemand sollte sich allein fühlen in einer Gesellschaft, die vorgibt, zu verstehen, aber wegsieht, wenn es unbequem wird.

Deshalb spreche ich. Deshalb schreibe ich. Nicht nur für mich, sondern für jeden, der sich nicht traut, seine Stimme zu erheben. Für jeden, der nachts mit seinen Dämonen kämpft und sich fragt, ob es jemanden gibt, der zuhört.

Ich sage dir: Du bist nicht allein. Deine Gefühle sind echt. Dein Schmerz ist echt. Und **du verdienst es, gehört zu werden.**

Also lasst uns laut sein. Lasst uns die Welt daran erinnern, dass es Zeit ist, hinzusehen, zuzuhören **und endlich zu verstehen.**

Wach auf Welt...

Wie viele Menschen müssen noch schweigend leiden, weil sie keine Hilfe bekommen? **Wie viele müssen noch kämpfen, weil ihnen gesagt wird, ihre Krankheit sei "nur Kopfsache"?** Wie oft noch müssen Betroffene gegen eine Wand aus Unverständnis rennen, während sie um Unterstützung bitten?
Es ist an der Zeit, psychische Gesundheit endlich genauso ernst zu nehmen wie körperliche Gesundheit. Es ist an der Zeit, dass Therapieplätze nicht erst nach Monaten Wartezeit verfügbar sind. **Dass psychische Erkrankungen nicht als Schwäche abgetan werden, sondern als das, was sie sind: <u>Krankheiten</u>**, die echte Unterstützung brauchen.
Wir brauchen mehr Hilfe, mehr Aufklärung, mehr Menschlichkeit! Wir brauchen ein System, das Betroffenen die Unterstützung gibt, die sie verdienen nicht nur leere Worte und gute Absichten.
Wach auf, Welt! Hör zu, wenn wir sagen: Es muss sich etwas ändern.
Nicht morgen, nicht irgendwann - <u>jetzt</u>!

Was Mobbing mit uns macht!

„was ist denn so schlimm daran?”

Was Mobbing mit uns macht!

"Was ist denn so schlimm daran?"

Folgen von Mobbing - Überblick

Mobbing kann schwerwiegende Auswirkungen auf Betroffene haben, sowohl psychisch als auch physisch. Hier sind die wichtigsten Nebenwirkungen und Folgen:

1. Psychische Folgen:

- Geringes Selbstwertgefühl   Betroffene fühlen sich wertlos und nicht gut genug.
- Angststörungen   Ständige Angst vor Ablehnung oder erneuten Angriffen.
- Depressionen   Anhaltende Traurigkeit, Hoffnungslosigkeit, sozialer Rückzug.
- Suizidgedanken   In schweren Fällen kann Mobbing zu lebensgefährlichen Gedanken führen.

2. Körperliche Folgen:

- Schlafstörungen   Ein- und Durchschlafprobleme durch Angst und Stress.
- Essstörungen   Mobbing kann zu Über-oder Unterernährung führen (z. B. Magersucht oder Binge-Eating).
- Kopfschmerzen, Bauchschmerzen   Häufige psychosomatische Beschwerden.
- Schwächung des Immunsystems   Ständiger Stress kann den Korper anfälliger für Krankheiten machen.

Was Mobbing mit uns macht!

"Was ist denn so schlimm daran?"

Folgen von Mobbing - Überblick

3. Soziale Folgen:

- Sozialer Rückzug - Betroffene meiden Freunde, Familie oder öffentliche Orte.
- Vertrauensprobleme → Schwierigkeiten, anderen zu vertrauen, aus Angst vor erneuter Verletzung.
- Schulische/berufliche Probleme → Schlechtere Leistungen, Vermeidungsverhalten (z. B. häufiges Fehlen in der Schule).

4. Langfristige Folgen:

- Posttraumatische Belastungsstorung (PTBS) → Flashbacks, Angstattacken und emotionale Taubheit.
- Schwierigkeiten in Beziehungen → Unsicherheit in Freundschaften und Partnerschaften.
- Geringe berufliche Chancen → Angst vor neuen Herausforderungen, Selbstzweifel im Job.

Mobbing kann tiefe Spuren hinterlassen - je länger es anhält, desto schwerwiegender sind die Folgen. Deshalb ist es wichtig, früh Hilfe zu suchen!

*Im Anschluss findest du eine
Geschichte über ein Mädchen Namens
Milli, die in der Schule aufgrund ihrer Angst
gemobbt wird, danach folgten andere
gründe für Kinder ihre "Schwäche" auszunutzen:*

Was Mobbing mit uns macht!

„Was ist denn so schlimm daran?"

Milli - Das Mädchen, das schwieg

Milli war ein gutes Kind. Ein liebes Mädchen mit großen, neugierigen Augen und einem Kopf voller Gedanken, die sie oft für sich behielt. Ihre Eltern liebten sie über alles. Zu Hause fühlte sie sich sicher, geborgen - dort konnte sie lachen, sprechen, singen, tanzen. Dort konnte sie sie selbst sein. Doch draußen, in der Schule, war es anders. Schon in der ersten Klasse merkte Milli, dass sie nicht so war wie die anderen Kinder. Sie war vorsichtig, wahrend die anderen wild herumrannten. Sie dachte viel nach, während die anderen einfach taten, was sie wollten. Sie hatte Angst vor Dingen, die für die anderen normal waren laute Geräusche, unerwartete Fragen, Blicke, die zu lange auf ihr ruhten.

Anfangs versuchten die anderen Kinder noch, sie mit einzubeziehen. „Komm, Milli, spiel mit uns!" riefen sie auf dem Pausenhof. Aber Milli war immer zögerlich. Was, wenn sie stolperte? Was, wenn sie die Regeln nicht verstand? Was, wenn sie etwas Peinliches tat? Diese Angst machte sie langsam zu einer Außenseiterin. Und Kinder merken so etwas.

Was Mobbing mit uns macht!

„Was ist denn so schlimm daran?"

Milli - Das Mädchen, das schwieg

Es begann mit kleinen Dingen. Sie wurde als Letzte in die Teams gewählt. Man ließ sie bei Spielen nicht mitmachen, weil sie „eh nicht richtig spielt". Dann kamen die Worte.

"Warum bist du so komisch?"

„Du sagst nie was. Bist du stumm oder einfach dumm?"

„Kein Wunder, dass du keine richtigen Freunde hast."

Jedes Wort war wie ein Stich. Anfangs versuchte Milli, sich dagegen zu wehren.

Sie wollte sagen, dass das nicht stimmt, dass sie sehr wohl sprechen konnte, dass sie einfach nur Angst hatte.

Aber ihre Stimme blieb in ihrer Kehle stecken.

Und so schwieg sie.

Je stiller sie wurde, desto schlimmer wurde es. Die Lehrer hielten sie für unsicher, für ein Kind, das „einfach aus sich herauskommen musste". Aber niemand verstand, dass sie es nicht einfach konnte. Dass ihre Angst nicht freiwillig da war.

Mit jedem Tag zog sie sich mehr zurück.

Sie wusste so viel, aber sie meldete sich nie. Sie hatte so viele Gedanken, aber sie teilte sie nicht. Sie hatte so viele Träume, aber sie behielt sie für sich.

Zu Hause erzählte sie ihren Eltern nichts von den fiesen Worten. Sie wollte nicht, dass sie sich Sorgen machten. Also spielte sie ihnen vor, dass alles in Ordnung war.

Dass die Schule zwar anstrengend war, aber okay.

Doch jeden Abend, wenn sie in ihrem Bett lag und die Dunkelheit sie umhüllte, kamen die Stimmen zurück.

73

Was Mobbing mit uns macht!

„Was ist denn so schlimm daran?"

Milli - Das Mädchen, das schwieg

Nicht gut genug.
Nicht schön genug.
Nicht klug genug.

Manchmal weinte sie leise in ihr Kissen, damit niemand es hörte. Manchmal wünschte sie sich, jemand würde sie einfach retten. Dass eines der Kinder zu ihr sagen würde: „Hey, *du bist gut, so wie du bist.*" Aber niemand tat es.

Also blieb Milli allein mit ihren Gedanken.

Sie wusste, dass sie schlau war. Dass sie tief in sich drin jemand war, der etwas zu sagen hatte. Aber was brachte es, wenn niemand es hörte? Wenn niemand es sehen wollte?

Und so schwieg sie weiter.

Es reichte nicht, dass sie Milli sagten, sie sei komisch. Dass sie dumm sei, weil sie nie etwas sagte. Dass sie keine richtigen Freunde hatte, weil sie nicht „normal" war.

Irgendwann fingen sie an, ihr auch einzureden, dass sie dick sei. Milli verstand es zuerst nicht. Sie war ein normales Mädchen, nicht besonders dünn, nicht besonders dick - einfach so, wie Kinder in ihrem Alter eben waren. Aber es spielte keine Rolle, ob es wahr war oder nicht. Die Worte der anderen waren mächtiger als die Wahrheit.

„Boah, schau mal ihre Arme, die sind ja doppelt so dick wie deine!" lachte eines der Mädchen in der Umkleide nach dem Sportunterricht.

„Kein Wunder, dass sie so still ist, wahrscheinlich kriegt sie beim Reden keine Luft!" rief ein Junge in der Pause.

Was Mobbing mit uns macht!

„Was ist denn so schlimm daran?"

Milli - Das Mädchen, das schwieg

„Wundert mich, dass der Stuhl unter ihr nicht zusammenkracht!"

Jedes Wort war wie ein Stich, tief in ihr Innerstes.

Anfangs sagte sie sich, dass es nur gemeine Sprüche waren. Dass sie nicht wahr sein konnten. Doch mit der Zeit begann sie, in den Spiegel zu schauen und zu suchen. Zu suchen nach dem, was sie sahen.

Plötzlich wirkten ihre Beine breiter, ihr Bauch großer.

Sie hörte, wie ihre Mitschuler tuschelten, wenn sie in der Mensa saß und aß. Sie sah die Blicke, die sie ihr zuwarfen, wenn sie sich ein Pausenbrot auspackte.

„Iss mal lieber nicht so viel, Milli, sonst platzt du noch!"

Es begann schleichend. Erst ließ sie das Frühstück weg. Dann aß sie in der Schule nur noch, wenn es unbedingt sein musste. Manchmal presste sie die Lippen aufeinander, damit sie nicht schwach wurde.

Ihre Eltern merkten es irgendwann. „Milli, du hast doch sonst immer so gerne gegessen, ist irgendwas los?" fragte ihre Mutter besorgt.

Milli schüttelte den Kopf. „Ich hab einfach keinen Hunger."

Aber das war gelogen. Ihr Magen knurrte oft, aber die Angst, wieder ausgelacht zu werden, war größer als der Hunger.

Und irgendwann war sie selbst überzeugt.

Sie sah nicht mehr das kleine, schüchterne Mädchen im Spiegel. Sie sah nur noch die Fehler, die ihr eingeredet wurden. Und so, wie sie das Sprechen verlernt hatte, verlernte sie auch das Essen.

Die Worte der anderen hatten sie wieder einmal zum Schweigen gebracht.

Was Mobbing mit uns macht!

"Was ist denn so schlimm daran?"

Milli - Das Mädchen, das schwieg

Milli schwieg weiter. Sie schwieg, wenn die Lehrer Fragen stellten. Sie schwieg, wenn ihre Mitschüler lachten. Sie schwieg, wenn sie in der Umkleide stand und versuchte, sich unsichtbar zu machen.

Doch tief in ihr drin gab es einen kleinen Funken.

Einen Funken, der ihr zuflüsterte, dass sie nicht dumm war.

Dass sie nicht hasslich war. Dass sie nicht zu dick war.

Er war leise. Viel leiser als die Stimmen der anderen. Aber er war da.Eines Abends saß sie allein in ihrem Zimmer, hielt sich die Knie an die Brust gepresst und versuchte, die Gedanken in ihrem Kopf zum Schweigen zu bringen. Sie wollte nicht mehr so über sich denken. Sie wollte nicht mehr glauben, dass sie nichts wert war.Also fing sie an, leise mit sich selbst zu reden.

"Ich bin nicht dumm", flüsterte sie.

Es fühlte sich komisch an. Falsch, fast.

Aber sie wiederholte es. Wieder und wieder.

"Ich bin nicht dumm."

"Ich bin nicht hässlich."

"Ich bin nicht so, wie sie sagen."

Sie sagte es jeden Abend. Erst leise, dann ein wenig lauter, auch wenn niemand es hörte. Es war egal, ob sie es wirklich glaubte - sie musste es sich einfach selbst sagen, damit die Stimme in ihr nicht ganz verstummte.

Und mit der Zeit begann sich etwas zu verändern.

Milli schwieg noch immer. Sie sprach nicht in der Klasse, sie meldete sich nicht.

Aber sie begann, in Tests ihre Antworten aufzuschreiben, auch wenn sie Angst hatte, sie könnten falsch sein.

Was Mobbing mit uns macht!

„Was ist denn so schlimm daran?"

Milli - Das Mädchen, das schwieg

Sie aß wieder ein wenig mehr, weil sie erkannte, dass ihr Korper Kraft brauchte, auch wenn sie sich manchmal noch schlecht dabei fühlte.

Sie sah in den Spiegel und versuchte, nicht nur die Dinge zu sehen, die ihr eingeredet wurden. Sie versuchte, ihre Augen zu sehen, die so aufmerksam die Welt beobachteten. Ihre Hände, die so viel malen und schreiben konnten. Ihr Herz, das noch immer fühlte, auch wenn es so oft verletzt worden war.

Die anderen horten nicht auf. Sie lachten immer noch, sie tuschelten immer noch.

Aber tief in ihr drin wusste Milli langsam, dass sie nicht für immer das bleiben würde, was sie in ihr sahen.

Sie war noch nicht bereit, laut zu sprechen.

Aber sie sprach in sich selbst.

Und das war der erste Schritt.

Milli nahm sich nicht das Leben, aber ihr Leben war nie wieder das selbe! Sie wurde von ihrer Schulzeit für immer geprägt, wären die Leute von ihrer Klasse anfingen zu "Leben", klammerte milli an ihren "beschützenden" Gewohnheiten! Sie ging früh in Therapie, doch Spuren bleiben fürs Leben! Aber vergiss nicht, nicht jeder ist wie Milli, es gibt viele Kinder, Jugendliche, Erwachsene die sich das Leben nahmen... weil sie es nicht ausgehalten haben, was man ihnen gesagt und angetan hat!

Zahlen, Daten, Fakten

♥ ♥

„wenn nicht jetzt! Wann dann?"

Zahlen, Daten, Fakten

Das die Zahlen dafür jedes Jahr steigen, wird nicht thematisiert... Aber warum?

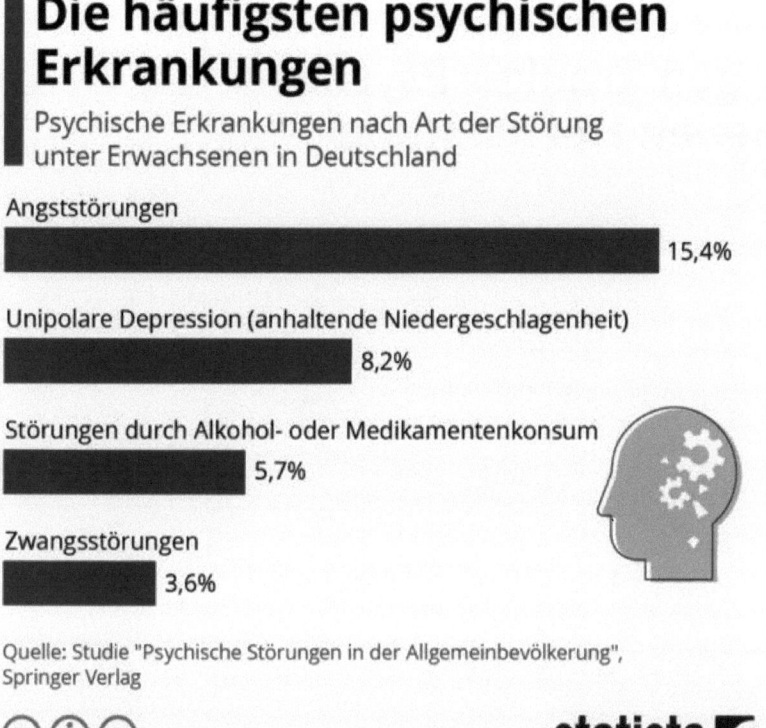

Die häufigsten psychischen Erkrankungen

Psychische Erkrankungen nach Art der Störung unter Erwachsenen in Deutschland

Angststörungen
15,4%

Unipolare Depression (anhaltende Niedergeschlagenheit)
8,2%

Störungen durch Alkohol- oder Medikamentenkonsum
5,7%

Zwangsstörungen
3,6%

Quelle: Studie "Psychische Störungen in der Allgemeinbevölkerung", Springer Verlag

statista

Sichtlich leiden sehr viele Menschen unter psychischen Erkrankungen!

Zahlen, Daten, Fakten

Sie melden sich öfter krank, da sie dem Druck nicht standhalten können, was zu Ausfällen von vielen Arbeitskräften führt!

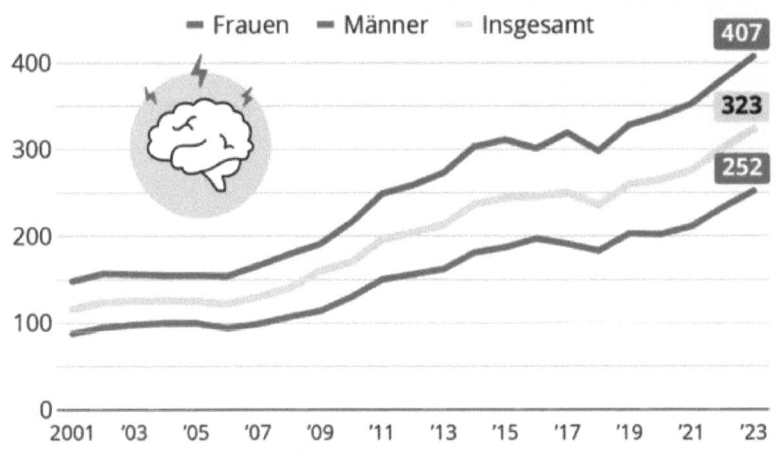

Fehltage wegen kranker Psyche erreichen neuen Höchststand

Arbeitsunfähigkeitstage in Deutschland je 100 Versicherte aufgrund psychischer Erkrankungen

— Frauen — Männer ▪▪ Insgesamt

407
323
252

400
300
200
100
0

2001 '03 '05 '07 '09 '11 '13 '15 '17 '19 '21 '23

Quelle: DAK/IGES Institut

statista

Aber was ist mit den jungen Menschen? Die die noch nicht arbeiten?

Zahlen, Daten, Fakten

Das Verständniss für sie, fehlt vorne und hinten. Der gesellschaftliche Druck ist für viele jüngeren sehr hoch. Dies können sich viele nicht vorstellen. Aber: „die Jüngeren wollen ja nur nicht mehr arbeiten weil sie zu Faul sind!" (Hört man dann)

Was ist die häufigste Todesursache bei 5- bis 25-Jährigen?

Bei den 10- bis unter 25-Jährigen war **Suizid** im Jahr 2023 die häufigste Todesursache, vor Verkehrsunfällen und Krebs. 18 % aller Todesfälle in diesem Alter waren Suizide. 10.09.2024

https://www.kinderschutz-niedersachsen.de
Suizid bei 10- bis unter 25-Jährigen häufigste Todesursache

Wie viel Prozent der Jugendlichen sind psychisch krank?

Fast 20 Prozent der Kinder und Jugendlichen in Deutschland erkranken innerhalb eines Jahres an einer psychischen Störung. Häufigste Störungen sind Angststörungen, depressive, hyperkinetische sowie dissoziale Störungen (dauerhaft aufsässiges und aggressives Verhalten). 02.10.2020

https://www.bptk.de
Fast 20 Prozent erkranken an einer psychischen Störung - BPtK

Und was ist die häufigste Todesursache?

Zahlen, Daten, Fakten

Suizide, ... entstanden aus Missverständnis, keine Toleranz und Akzeptanz, das viele Menschen nie einen anderen Ausweg sehen, als sich das Leben zu nehmen... Aber wieso? Wieso sieht dort niemand hin, wo es endlich wichtig ist, wach zu werden?

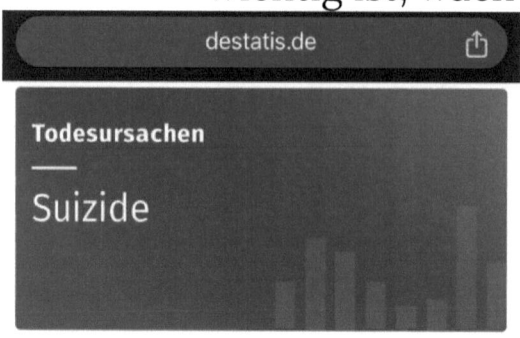

Durch einen Suizid beendeten 2023 10 300 Menschen ihr Leben. Das waren 1,8 % mehr Fälle als im Vorjahr und 3,1 % weniger als im Durchschnitt der letzten zehn Jahre. Die Verteilung zwischen Männern (73 %) und Frauen (27 %) ist dabei relativ konstant geblieben. Auffällig ist, dass der Anstieg der Suizide im Jahr 2023 vor allem auf eine Zunahme bei den Frauen zurückzuführen ist (+8,0 %), während es bei den Männern einen leichten Rückgang gab (-0,3 %). An den Todesursachen insgesamt machten Suizide ähnlich wie in den Vorjahren einen Anteil von 1,0 % aus.

Aber sind psychische Erkrankungen denn wirklich mehr geworden?

Wenn du unter Suizid gedanken leidest wende dich bitte an die Seelsorge: (kostenfrei, anonym, rund um die Uhr): 0800 111 0111 oder 0800 111 0222
Bei akuter Bedrohung von deinem Leben: 112

Zahlen, Daten, Fakten

Mehr als jeder VIERTE Erwachsene..... stellt euch diese
Zahl mal bildlich vor... man beachtet auch die häufigsten
Erkrankungen auf dem Bild unten!

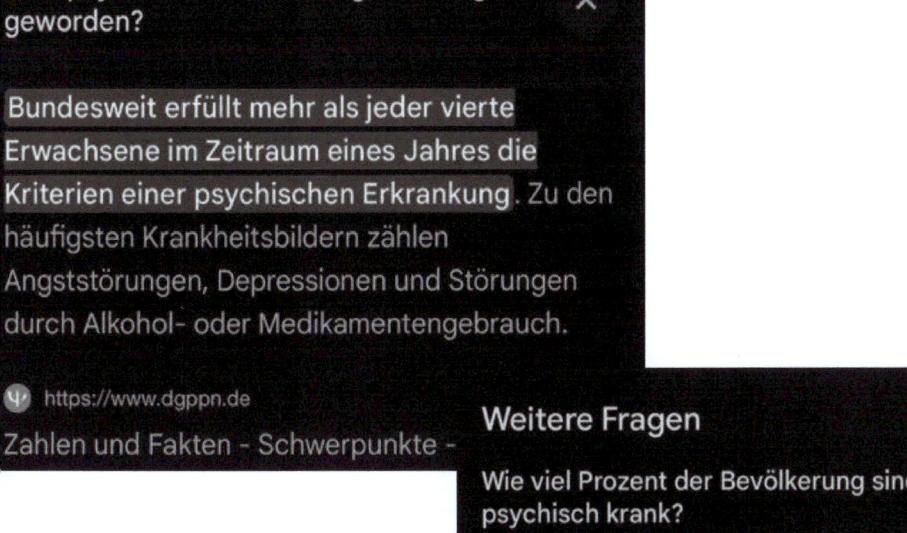

Sind psychische Erkrankungen häufiger
geworden?

Bundesweit erfüllt mehr als jeder vierte
Erwachsene im Zeitraum eines Jahres die
Kriterien einer psychischen Erkrankung. Zu den
häufigsten Krankheitsbildern zählen
Angststörungen, Depressionen und Störungen
durch Alkohol- oder Medikamentengebrauch.

https://www.dgppn.de
Zahlen und Fakten - Schwerpunkte -

Weitere Fragen

Wie viel Prozent der Bevölkerung sind
psychisch krank?

In Deutschland sind jedes Jahr 27,8 % der
erwachsenen Bevölkerung von einer psychischen
Erkrankung betroffen [1, 2]. Das entspricht rund
17,8 Millionen betroffenen Personen, von denen
pro Jahr nur 18,9 % Kontakt zu Behandlerinnen
und Behandlern aufnehmen [3]. 17.04.2024

https://www.dgppn.de   PDF
Psychische Erkrankungen - DGPPN

Das alles sind die neusten Berichte, die es in Bezug auf
Psychische Erkrankungen gibt!
Schon erschreckend, wenn
man sich das mal vor
Augen hält!

Meine Beste Freundin

❤ ❤

„wenn das Leben dir einen Engel schickt!"

Meine Beste Freundin

Wenn das Leben dir einen Engel schickt!

Kapitel 1: In der Dunkelheit gefangen

Man sagt, die Schulzeit sei die beste Zeit des Lebens. Doch für mich war sie das genaue Gegenteil. Sie war der Ort, an dem ich mich verloren habe. Tag für Tag fühlte ich mich kleiner, wertloser, unwichtiger. Die Menschen um mich herum, die ich einst für Freunde hielt, wurden zu denjenigen, die mir am meisten wehtaten.

Es begann schleichend... mit kleinen Sticheleien, bissigen Kommentaren, die als Spaß getarnt waren. Doch irgendwann wurden sie mehr. Sie begannen, mich auszuschließen, über mich zu lachen, mich wie eine Last fühlen zu lassen. Und ich ließ es zu. Ich dachte, ich hatte es verdient. Dass mit mir etwas nicht stimmte.

Die Tage wurden dunkler, die Nächte länger. Ich lag oft wach und fragte mich, ob es überhaupt einen Weg aus dieser Einsamkeit gab. Ich verlor mich selbst in den Stimmen der anderen, die mir sagten, ich sei nicht genug.

Ich glaubte ihnen.

Und dann kam Sarah.

Meine Beste Freundin

Wenn das Leben dir einen Engel schickt!

Kapitel 2: Der erste Lichtstrahl - Sarah

Es war ein Tag wie jeder andere, oder zumindest dachte ich das. Ich fühlte mich leer, als würde ich nur noch mechanisch durch den Alltag gehen. In der Schule hatte sich nichts verändert.

Dieselben Gesichter, dieselben spitzen Bemerkungen, dasselbe Gefühl, nicht wirklich dazuzugehören. Ich hatte gelernt, es zu ertragen, mir einzureden, dass es normal sei. Doch an diesem Tag war da ein kleiner Funke in mir, eine winzige Ablenkung von dem gewohnten Trott.

Sarah.

Ich hatte sie in der Mittagspause an der Haltestelle vor unserer Schule sitzen sehen, obwohl ich fast sicher war, dass ich sie am Wochenende davor, bei einer Familienfeier gesehen habe, war ich doch verunsichert, aber ich musste es wissen. Normalerweise blieb ich immer im Schatten von Menschen aber an diesem Tag sagte ich mir selber: „Letizia heute sprichst du sie an, du musst es einfach wissen!"

In der nächsten Pause zögerte ich erst, doch dann nahm ich all meinen Mut zusammen und ging auf sie zu. Ich wusste nicht einmal genau, warum. Vielleicht, weil sie mir schon immer aufgefallen war... nicht laut oder aufdringlich, sondern auf eine ruhige, selbstverständliche Weise.
Sie hatte eine Präsenz,
die Sicherheit
ausstrahlte.

Meine Beste Freundin

Wenn das Leben dir einen Engel schickt!

Teil 2

„Hey", sagte ich, als ich vor ihr stand.

Sie sah überrascht auf. „Hey! Was gibt's?"

Ich biss mir auf die Lippe, merkte, wie dumm das alles klang. „Ich dachte, du wärst neulich auf einer Hochzeit meiner Familie gewesen!"

Sie guckte verwundert ihre Freundin an die neben ihr gesessen hatte und sagte: „Nein, das muss wer anders gewesen sein! Ich war auf keiner Hochzeit!"

Sie musterte mich, als würde sie mehr in mir sehen als nur meine Worte.

Schnell bekam ich wieder das Gefühl von Angst also ging ich wieder! Und beließ das Gespräch dabei!

Die Tage danach grüßten wir uns ab und zu, und fingen an unsere Pausen miteinander zu verbringen, bis es irgendwie zum Alltag wurde.

Ich wusste nicht, dass dieser eine Moment, diese scheinbar belanglose Unterhaltung, der Anfang von etwas sein würde, das mein Leben verändern sollte. Aber irgendetwas in mir spürte, dass es wichtig war.

Dass sie wichtig war.

Meine Beste Freundin

Wenn das Leben dir einen Engel schickt!

Kapitel 3: Meine neue Zuflucht!

Ich weiß nicht, wann genau es passiert ist, aber irgendwann wurde Sarah zu meiner Zuflucht. Sie war der erste Mensch seit langer Zeit, bei dem ich nicht das Gefühl hatte, mich verstellen zu müssen.

Doch mit ihrer Freundschaft kam auch eine neue Herausforderung: Sie ließ nicht zu, dass ich weiter in meiner Dunkelheit gefangen blieb.

„Warum tust du dir das an?" fragte sie mich eines Tages direkt, als ich ihr von einem besonders schlimmen Ereignis mit einen sogenannten Freund erzählte.

Ich wusste keine Antwort. Es war doch einfach so.

So war mein Leben.

„Du weißt, dass du mehr wert bist, oder?" Sie sah mich eindringlich an.

Ich wollte nicken, doch die Wahrheit war: Ich wusste es nicht. Ich hatte vergessen, wie es sich anfühlte, wertvoll zu sein.

Sarah ließ nicht locker. Sie half mir, meine Gedanken zu hinterfragen.

Sie zeigte mir, dass das, was dieser Mensch mit mir tat, nicht normal war.

Dass ich es nicht verdient hatte.

Und das war der erste Schritt.

Meine Beste Freundin

Wenn das Leben dir einen Engel schickt!

Kapitel 4: Abschied von der Vergangenheit

Toxische Menschen loszulassen klingt einfacher, als es ist. Ich wusste, dass dieser sogenannte Freund mir nicht guttat, aber er war das einzige, was ich kannte. Sarah war es, die mir half, mich davon zu lösen. Sie hielt mir immer wieder den Spiegel vor und zeigte mir, wie sehr mich dieser Mensch zerstörte. Doch das hieß nicht, dass es leicht war. „Was ist, wenn ich alleine bleibe?" fragte ich sie einmal leise.

Sie lächelte. „Du wirst nie alleine sein. Und vor allem: Lieber allein als in schlechter Gesellschaft."Es dauerte lange, aber irgendwann fing ich an, mich zu distanzieren. Ich hörte auf, auf Nachrichten zu antworten. Ich ging nicht mehr zu Treffen, bei denen ich mich ohnehin nur fehl am Platz fühlte. Und mit jedem Schritt spürte ich, wie die Last ein kleines bisschen leichter wurde. Doch der Schmerz war trotzdem da. Es fühlte sich an wie ein Abschied von einer Version von mir selbst, die ich viel zu lange war.

Meine Beste Freundin

Wenn das Leben dir einen Engel schickt!

Kapitel 5: Die Wahrheit über Freundschaft

Sarah zeigte mir, was wahre Freundschaft bedeutet. Sie war da, als ich mich selbst noch nicht wiedergefunden hatte. Sie forderte nichts, stellte keine Bedingungen, sondern akzeptierte mich einfach mit all meinen Unsicherheiten, mit all meinen Ängsten.

Zum ersten Mal verstand ich, dass Freundschaft nicht bedeuten sollte, sich kleinzumachen, um dazuzugehören. Sie sollte nicht bedeuten, sich schlecht zu fühlen oder sich verstellen zu müssen.

Mit der Zeit lernte ich, mich selbst mit Sarahs Augen zu sehen. Ich erkannte, dass ich nicht so wertlos war, wie ich immer gedacht hatte. Dass ich es verdiente, geliebt und respektiert zu werden.

Und langsam, ganz langsam, begann ich, mich selbst wiederzufinden.

Meine Beste Freundin

Wenn das Leben dir einen Engel schickt!

Kapitel 6: Für immer ein Teil von mir

Die Schulzeit liegt längst hinter uns.
Die Jahre sind vergangen, schneller, als wir es
uns damals vorstellen konnten.
Wir haben neue Wege eingeschlagen, neue
Menschen kennengelernt, neue
Herausforderungen gemeistert. Und doch hat
sich eines nie verändert:
Sarah und ich.
Wir haben so vieles zusammen durch-
gestanden. Sie war da, als ich mich selbst
verloren hatte, und sie blieb, als ich mich
wiederfand.
Und so war es bei uns immer, egal was war, egal
was ist und egal was sein wird!
Diese Bindung aller Dinge die die wenigsten
kennen/kannten kann uns
keiner mehr nehmen!

Meine Beste Freundin

Wenn das Leben dir einen Engel schickt!

Teil 2:

Wir haben gemeinsam geweint, gelacht, gestritten und uns immer wieder versöhnt. Es gab Zeiten, in denen das Leben uns in verschiedene Richtungen zog: Prüfungen, Jobs, neue Freundschaften, neue Beziehungen. Doch egal, wie beschäftigt wir waren, egal, wie selten wir uns manchmal sehen konnten: Wir haben uns nie aus den Augen verloren.

Heute, Jahre nach der Schulzeit, treffen wir uns immer noch regelmäßig. Es ist nicht mehr der tägliche Schulhof, der uns verbindet, sondern etwas viel Tieferes. Wir trinken Kaffee in unserem Lieblingscafé, reden über das Leben, erinnern uns an alte Zeiten und schmieden Pläne für die Zukunft. Es gibt Momente, in denen wir uns ansehen und ohne Worte wissen, was die andere denkt! „Kannst du glauben, wie weit wir gekommen sind?" frage ich sie eines Tages, als wir zusammen in der Abendsonne sitzen.

Sarah lächelt und schüttelt den Kopf. „Nein. Aber ich wusste immer, dass wir es schaffen."

Meine Beste Freundin

Wenn das Leben dir einen Engel schickt!

Teil 3:

Ich sehe sie an, und in diesem Moment wird mir klar, dass sie mehr als nur meine beste Freundin ist. Sie ist meine Familie. Nicht durch Blut, sondern durch all das, was wir zusammen erlebt haben. Sie ist der Mensch, der mich aus der Dunkelheit geholt hat, der mich daran erinnert hat, wer ich wirklich bin.

Und das wird sich nie ändern. Egal, wie viele Jahre noch vergehen, egal, wohin das Leben uns führt...

Sie wird immer ein Teil von mir sein.

Sie war in meiner dunkelsten Zeit das Licht!

Und ich glaube, sie weiß bis heute gar nicht, wie dankbar ich ihr für all das bin, für jeden Moment!

Denn Sarah war immer da!

Ich hoffe jeder Mensch findet irgendwann eine Sarah in seinem Leben! Und vielleicht habt ihr sogar eine, die wie meine Sarah ist!

Deine persönliche Schutzwand:

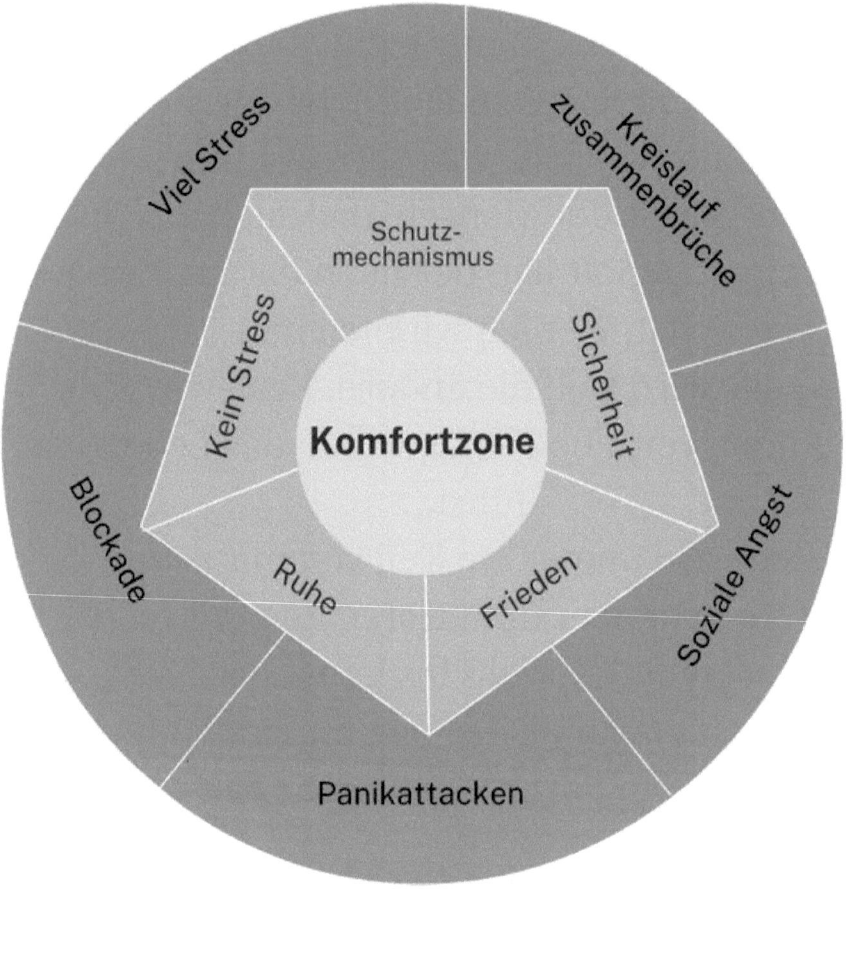

Viel Stress

Kreislauf zusammenbrüche

Schutz-mechanismus

Kein Stress

Sicherheit

Komfortzone

Blockade

Ruhe

Frieden

Soziale Angst

Panikattacken

Gut ist das natürlich nicht! Denn sobald man diese
Zone verlässt kommt die Überforderung gefolgt von
allen anderen oben genannten Dingen!

Was wählst du?

♥ ♥

„Deine Entscheidung zählt!"

Was trifft auf deine Denkweise mehr zu?

1.,,Soll ich es versuchen oder aufgeben?"

Antwort: _____

2.,,Bleibe ich ruhig oder reagiere ich?"

Antwort: _____

3.,,Gehe ich ans Telefon oder lasse ich es klingeln?"

Antwort: _____

4.,,Soll ich die Wahrheit sagen oder schweigen?"

Antwort: _____

5.,,Soll ich nochmal kontrollieren oder reicht es?"

Antwort: _____

6.,,Ist das ein Problem oder übertreibe ich?"

Antwort: _____

7.,,Rede ich mit jemandem darüber oder nicht?"

Antwort: _____

8.,,Soll ich auf meine Angst hören oder sie ignorieren?"

Antwort: _____

9.,,Brauche ich Hilfe oder schaffe ich es allein?"

Antwort: _____

10.,Ist das ein Risiko oder bin ich paranoid?"

Antwort: _____

11.„Habe ich etwas falsch gemacht oder ist alles in Ordnung?"
Antwort: _____

12.„Habe ich genug vorbereitet oder nicht?"
Antwort: _____

13.„Soll ich hingehen oder bleibe ich zu Hause?"
Antwort: _____

14.„Kann ich das schaffen oder nicht?"
Antwort: _____

15.„Soll ich das schreiben oder besser löschen?"
Antwort: _____

16.„Soll ich anrufen oder lieber eine Nachricht schicken?"
Antwort: _____

17.„Hat mich die Person ignoriert oder war sie nur beschäftigt?"
Antwort: _____

18.„Hat die Person mich falsch verstanden oder nicht?"
Antwort: _____

19.„Spreche ich über meine Angst oder behalte ich es für mich?"
Antwort: _____

20.„Ist dieses Symptom gefährlich oder harmlos?"
Antwort: _____

21.„Bin ich gut genug oder nicht?"
Antwort: _____

22.„Soll ich mich noch mehr anstrengen oder reicht es so?"
Antwort: _____

23.„Bin ich zu empfindlich oder hat die Situation mich wirklich verletzt?"
Antwort: _____

24.„Denke ich zu viel nach oder nicht genug?"
Antwort: _____

25.„Bin ich in Gefahr oder bilde ich mir das nur ein?"
Antwort: _____

26.„Soll ich mich ändern oder so bleiben, wie ich bin?"
Antwort: _____

27.„Kann ich der Person vertrauen oder nicht?"
Antwort: _____

28.„Ist das Leben schwer oder mache ich es mir selbst schwer?"
Antwort: _____

29.„Werde ich jemals frei von dieser Angst sein oder nicht?"
Antwort: _____

30.„Soll ich weitermachen oder aufgeben?"
Antwort: _____

**Wenn du dich jetzt selber analysierst….
Handelst du mehr Positiv oder Negativ?
Die meisten handeln unterbewusst so wie bewusst
meistens negativer als positiver. Schau wie sich deine
Denkweise im Laufe des Buches ändert und komme am
Ende noch mal auf die vorderen Seiten zurück!**

„Nicht jede Entscheidung muss perfekt sein - der Mut,
überhaupt zu wählen, ist bereits ein Sieg über die Angst."

„Hinter der Angst vor der Entscheidung liegt oft der Weg zu
deinem Wachstum - trau dich, den ersten Schritt zu
machen."

„Eine Entscheidung aus dem Herzen zu treffen ist immer
besser, als sich von der Angst leiten zu lassen."

„Angst zeigt dir, dass du vor etwas Bedeutendem stehst -
entscheide dich, mutig zu sein, und lass dich von ihr nicht
aufhalten."

Selbstfindung!

❤ ❤

„weil die Liebe für dich selbst, zählt!

"Um dich selbst wiederzufinden, folge der leisen Stimme in dir, die nie aufgehört hat zu flüstern, wer du wirklich bist."

*Kurz geschrieben wie du wieder mehr zu
dir selbst finden kannst:*

- Innere Reflexion: Nimm dir Zeit für dich selbst, um nachzudenken und deine Gefühle zu ordnen.
- Werte klären: Schreibe auf, was dir im Leben wirklich wichtig ist.
- Selbstakzeptanz: Akzeptiere, wo du gerade stehst, ohne dich zu verurteilen.
- Achtsamkeit: Übe Meditation oder achtsames Atmen, um deinen Geist zu beruhigen.
- Neue Erfahrungen: Probiere neue Hobbys oder Aktivitäten aus, die dich inspirieren könnten.
- Grenzen setzen: Entferne dich von Menschen oder Situationen, die dich negativ beeinflussen.
- Journaling: Halte Gedanken und Gefühle schriftlich fest, um Muster und Wünsche zu erkennen.
- Naturverbundenheit: Verbringe Zeit in der Natur, um Klarheit und Ruhe zu finden.
- Persönliche Entwicklung: Lies Bücher, besuche Kurse oder such dir einen Coach oder Therapeuten.
- Geduld üben: Gib dir Zeit, deinen Weg zu finden - es ist ein Prozess.

Wenn der Kopf schreit, und der Mund schweigt

♥ ♥

„Weil der Sturm zu laut in der Stille ist!"

Kopf schreit, Mund Schweigt!

„Weil der Sturm zu laut in der Stille ist!"

Kapitel 1: Das unsichtbare Gefängnis

Ich wache auf, noch bevor der Wecker klingelt. Mein Herz rast. Es fühlt sich an, als wäre ich mitten in einen Marathon geworfen worden, obwohl ich nur im Bett liege. Ich atme tief ein: eins, zwei, drei und aus, eins, zwei, drei, vier.

Es hilft nicht. Die Angst sitzt mir schon im Nacken, bevor mein Tag überhaupt begonnen hat.

Duschen, anziehen, frühstücken eigentlich ganz normale Dinge. Für mich fühlt es sich an, als würde ich mich durch einen dichten Nebel bewegen. Jede Entscheidung, sei sie noch so klein, ist eine Herausforderung. Soll ich das blaue oder das graue Shirt anziehen? Was, wenn die Leute mich anstarren, wenn ich das Blaue nehme?

Klingt irrational, ich weiß. Aber mein Kopf schreit, und ich kann ihn nicht zum schweigen bringen.

Draußen auf der Straße ist alles zu laut.

Die Autos, die Stimmen der Menschen, das summen der Stadt, es dröhnt in meinen Ohren. Ich Spüre, wie mein Atem flacher wird. Ich will zurück. Doch ich muss durchhalten. Ich zwinge mich, weiterzugehen, auch wenn sich jeder Schritt anfühlt wie ein Kampf gegen eine unsichtbare Kraft.

Kopf schreit, Mund Schweigt!

„Weil der Sturm zu laut in der Stille ist!"

Kapitel 2: Zwischen Pflicht und Wahrheit

Das Abendessen ist fast vorbei, doch die Luft ist schwer. Ich sitze mit meiner Familie am Tisch, mein Teller halb leer, mein Kopf voll mit Worten, die ich nicht aussprechen kann. Es ist immer dasselbe. Gespräche über Arbeit, über Bekannte, über das, was man tun sollte und was nicht.

Dann kommt das Thema, vor dem ich mich gefürchtet habe.

„Ich verstehe nicht, warum heutzutage alle so empfindlich sind", sagt mein

Opa und lehnt sich zurück. „Früher hat man einfach gemacht, was nötig war.

Dieses ganze Gerede über Gefühle...

Am Ende muss jeder einfach funktionieren."

Ich spüre, wie sich meine Schultern verspannen. Ich will etwas sagen. Will erklären, dass es nicht so einfach ist.

Dass es nicht um Empfindlichkeit geht, sondern darum, nicht unterzugehen.

Dass man nicht einfach „funktionieren" kann, wenn der Kopf dagegen ankämpft.

Kopf schreit, Mund Schweigt!

,,Weil der Sturm zu laut in der Stille ist!"

Teil 2:

Mein Kopf schreit.

„Sag es! Sag, dass du dich oft nicht verstanden fühlst! Dass es dich verletzt, wie leichtfertig über Dinge gesprochen wird, die für dich schwer sind. Sag, dass du Angst hast, du selbst zu sein, weil du befürchtest, dass sie dich nicht wirklich verstehen!"

Aber mein Mund schweigt.

Stattdessen starre ich auf meinen Teller und spiele mit der Gabel im Essen.

Meine Mama schaut mich kurz an, als würde sie merken, dass etwas in mir arbeitet. Aber sie sagt nichts, und ich tue es auch nicht.

Mein Onkel lacht. „Ja, die Leute heutzutage machen sich einfach zu viele Gedanken. Man muss einfach durchziehen."

Ich nicke. Ich nicke, obwohl ich eigentlich widersprechen will. Obwohl ich sagen will, dass ich manchmal nicht „einfach durchziehen" kann. Dass es Tage gibt, an denen mich die Angst lähmt. Dass es nicht darum geht, empfindlich zu sein, sondern darum, nicht zu zerbrechen.

Doch ich schweige.

Kopf schreit, Mund Schweigt!

„Weil der Sturm zu laut in der Stille ist!"

Teil 3:

Weil ich Angst habe, dass sie es nicht verstehen. Weil ich befürchte, dass meine Meinung abgetan wird, dass meine Gefühle nicht als echt oder wichtig genug gelten. *Weil ich nicht weiß, ob ich die Enttäuschung aushalten könnte, in ihren Augen etwas zu sein, das sie nicht nachvollziehen können.*

Und so sitze ich da, zwischen den Menschen, die mich am besten kennen sollten und doch habe ich selten das Gefühl, wirklich gesehen zu werden.

Wie sehr ich mir wünsche, dass ich einfach sprechen könnte. Dass die Worte nicht so schwer auf meiner Zunge liegen würden, als wären sie aus Stein. Dass ich einfach sagen konnte: *Ich sehe die Welt anders als ihr. Ich fühle anders.* Und manchmal tut es weh, so zu tun, als wäre alles in Ordnung.

Aber Schweigen ist leichter.

Schweigen bedeutet, keinen Streit anzufangen. Keine genervten Blicke zu ernten. Kein Augenrollen, kein „Ach, jetzt übertreibst du wieder". *Schweigen bedeutet, nicht erklären zu müssen, warum es für mich nicht so einfach ist wie für andere.*

Kopf schreit, Mund Schweigt!

„Weil der Sturm zu laut in der Stille ist!"

Teil 4:

Ich wünschte, ich könnte den Mut aufbringen, meine Gedanken laut werden zu lassen. Doch jedes Mal, wenn ich es versuche, hält mich eine unsichtbare Hand zurück. Die Angst, falsch verstanden zu werden, nicht ernst genommen zu werden, am Ende alleine dazustehen. Also schlucke ich meine Worte hinunter wie bittere Medizin. Ich lächle, obwohl es nicht echt ist. Ich spiele meine Rolle, weil es das ist, was ich am besten kann.
Und während das Gespräch weitergeht, bin ich gleichzeitig hier und doch so weit weg.
In meinem Kopf schreit es laut, verzweifelt, unaufhörlich. **Doch mein Mund bleibt stumm.**

Abhängigkeit

♥ ♥

„wenn ich ohne euch könnte, würde ich!"

Abhängigkeit

„wenn ich ohne euch könnte, würde ich!"

Kapitel 1: Wenn ich ohne euch könnte, würde ich!

Ich stehe vor der Tür. Mein Herz rast, meine Hände
zittern. Ich weiß, was ich tun muss einfach
hinausgehen, den Weg entlanglaufen, zum Supermarkt, ein paar Dinge einkaufen. Es ist nicht weit. Es
ist nichts Besonderes. Für andere.
Für mich fühlt es sich an wie eine unüberwindbare
Hürde.
Mein Kopf beginnt das bekannte Spiel:
Was, wenn ich auf dem Weg plötzlich nicht mehr
atmen kann? Was, wenn mir schwindelig wird und
niemand da ist?
Was, wenn mich jemand ansieht und merkt, dass ich
nicht normal bin?
Ich greife nach meinem Handy. Ich könnte jemanden
bitten, mitzukommen.
Dann wäre es einfacher. Dann könnte ich mich an der
Sicherheit festhalten, dass jemand da ist, falls ich es
nicht schaffe. Falls die Angst mich überrollt.
Falls mein Körper wieder in den Alarmmodus
schaltet, als würde er vor einer echten Gefahr fliehen.
Aber ich bin allein.

Abhängigkeit

„wenn ich ohne euch könnte, würde ich!"

Teil 2:

Ich könnte absagen. Den Einkauf verschieben. Warten, bis jemand Zeit hat, mit mir zu gehen. Es wäre so viel leichter. Ich tue doch sowieso nichts alleine. Warum also jetzt? **Die Wahrheit ist:** *Wenn ich ohne euch könnte, würde ich.* Ich würde alleine in den Bus steigen, ohne das Gefühl, keine Luft mehr zu bekommen. Ich würde durch die Stadt laufen, ohne ständig zu kontrollieren, wo der nächste Notausgang ist. Ich würde einkaufen gehen, ohne in der Schlange an der Kasse Panik zu bekommen, weil ich mich gefangen fühle.

Ich würde all das tun, wenn ich könnte.

Aber stattdessen stehe ich hier. Mein Körper weigert sich. Mein Kopf ist gefangen in Szenarien, die vielleicht nie eintreten... *aber vielleicht eben doch.* Und dieses „*vielleicht*" ist stärker als jeder Versuch, mich zu beruhigen.

Ich hasse es, dass ich andere brauche.

Dass ich mich ohne sie hilflos fühle, als hätte ich keine Kontrolle über mein eigenes Leben. Ich will nicht abhängig sein. Ich will nicht immer jemanden bitten müssen, mich zu begleiten, mich zu beruhigen, mich aufzufangen, wenn ich wieder falle.

Abhängigkeit

„wenn ich ohne euch könnte, würde ich!"

Teil 3:

Aber ich bin es.
Und so schreibe ich eine Nachricht:
Hast du kurz Zeit? Ich muss einkaufen, aber alleine
schaffe ich es nicht.
Senden.
Erleichterung. Aber auch Enttäuschung.
Über mich selbst. Wieder nicht geschafft. Wieder die
Angst gewinnen lassen.
Vielleicht morgen. Oder irgendwann.
Wenn ich ohne euch könnte.

Abhängigkeit

„wenn ich ohne euch könnte, würde ich!"

Kapitel 2: Die Last, die ihr nicht seht

„Klar, ich komme mit" , schreibt sie zurück.

Ich atme aus. Die Panik lässt ein wenig nach, aber sie bleibt da… wie ein Schatten im Hintergrund, bereit, wieder zuzuschlagen, wenn ich doch noch alleine gehen müsste.

Eine halbe Stunde später stehen wir vor dem Supermarkt. Sie redet über irgendwas, ich höre nur halb zu. Mein Fokus liegt auf meinem Atem, meinem Herzschlag, den Geräuschen um mich herum. Die automatische Tür öffnet sich, und ein Schwall warmer Luft schlägt mir entgegen. Ich spüre, wie mein Brustkorb sich zusammenzieht.

Mein Körper will zurückweichen, aber sie geht einfach weiter. Also folge ich ihr.

Mit jemandem an meiner Seite fühlt es sich sicherer an.

Nicht gut, nicht leicht aber sicherer.

Ich kann mich an ihrer Anwesenheit festhalten, als wäre sie ein Schutzschild zwischen mir und der Angst.

Wir gehen durch die Gänge. Ich nehme die Dinge, die ich brauche, versuche, mich normal zu verhalten.

Sie merkt nicht, dass ich mich an meinem Einkaufswagen festklammere, als hinge mein Leben davon ab.

Abhängigkeit

„wenn ich ohne euch könnte, würde ich!"

Teil 2:

Sie sieht nicht, wie mein Kopf ununterbrochen arbeitet, jeden Notausgang abspeichert, jede Fluchtmöglichkeit berechnet.

„Alles okay?", fragt sie beiläufig, als wir an der Kasse stehen.

Ich nicke sofort. *„Ja, klar."*

Was soll ich auch sagen? Dass mein Herz rast, als würde ich gleich zusammenbrechen? Dass ich mich am liebsten irgendwo verstecken würde, weil sich alles zu eng anfühlt? Dass ich mich nur sicher fühle, weil sie hier ist aber gleichzeitig hasse, wie sehr ich sie brauche?

Ich sage nichts. Lächele nur kurz, damit es glaubwürdig wirkt.

Als wir draußen sind, atme ich tief durch. Geschafft. Wieder nur mit Hilfe, aber geschafft. Sie redet weiter, als wäre nichts gewesen. Weil für sie nichts war.

Sie wird nie wissen, wie viel Kraft es mich gekostet hat.

Und ich werde es ihr nicht sagen.

Abhängigkeit

„wenn ich ohne euch könnte, würde ich!"

Kapitel 3: Ihr helft mir... aber ihr versteht mich nicht!

Zuhause stelle ich die Einkäufe in die Küche. Mein Kopf ist noch voll von dem, was gerade passiert ist.

Die Anspannung sitzt tief in meinen Schultern, mein Körper ist erschöpft, als hätte ich einen Marathon hinter mir.

Ich scrolle durch mein Handy. Eine Nachricht von ihr: *War doch gar nicht so schlimm, oder? Siehst du, du schaffst das!*

Mein Magen zieht sich zusammen.

Ich weiß, sie meint es gut. Sie will mich aufmuntern, mich ermutigen. Aber ihre Worte fühlen sich an wie ein Stich.

Gar nicht so schlimm.

Ich wünschte, sie könnte nur für eine Minute fühlen, was in mir vorgeht.

Wie sich jeder Gang durch die Stadt anfühlt, als würde ich eine unsichtbare Last auf meinen Schultern tragen.

Wie mein Kopf mir unaufhörlich Worst-Case-Szenarien einflüstert, während ich versuche, normal zu wirken. Wie die Panik in mir aufsteigt, sobald ich das Gefühl habe, nicht schnell genug entkommen zu können.

Ich wünschte, sie würde verstehen, dass es nicht um „nicht wollen" geht.

Abhängigkeit

„wenn ich ohne euch könnte, würde ich!"

Teil 2:

Dass ich nicht einfach „*mutiger sein*" kann. Dass es nicht reicht, einmal durchzuhalten, um geheilt zu sein.

Aber sie versteht es nicht.

Niemand versteht es wirklich.

Sie sehen nur, dass ich Dinge tue, mit ihrer Hilfe.
Sie sehen nicht, dass ich dabei innerlich kämpfe,
bis ich völlig erschöpft bin.
Sie sehen nicht, dass ich mich danach noch
stundenlang schlecht fühle, weil ich es wieder
nicht alleine geschafft habe.
Weil ich immer jemanden brauche.
Ich lege das Handy weg und starre an die Decke.
Wenn ich ohne euch könnte, würde ich.
Aber ich kann nicht. Und ich weiß nicht, ob ich es jemals
können werde.

Angst annehmen!

♥ ♥

„Was tue ich denn jetzt?"

Angst annehmen
„Was tue ich denn jetzt?"

Wie du deine Angst annehmen kannst!
Angst ist eine natürliche Reaktion unseres Körpers auf Bedrohungen sei es eine reale Gefahr oder eine Vorstellung in unserem Kopf.

Doch oft hindert uns Angst daran, das zu tun, was uns wichtig ist. *Anstatt sie zu verdrängen oder zu bekämpfen, kann es helfen, sie bewusst anzunehmen und aktiv mit ihr umzugehen.*

1. Die Angst wahrnehmen und benennen:
Nimm dir einen Moment Zeit, um zu erkennen, dass du Angst hast. Statt sie wegzudrücken, versuche sie zu benennen: „Ich habe Angst, weil..." oder „Ich spüre Angst in meinem Körper als..." (*z. B. Herzklopfen, flache Atmung, Zittern*).

2. Akzeptanz statt Widerstand
Angst ist ein Signal deines Körpers, kein Feind. Versuche, sie nicht als etwas negatives zu betrachten, sondern als etwas, das dir helfen will. Sag dir innerlich: „Ich darf Angst haben. Ich bin sicher, auch wenn ich mich gerade ängstlich fühle."

Angst annehmen
"Was tue ich denn jetzt?"

Wie du deine Angst annehmen kannst!

3. Den Körper beruhigen

Angst zeigt sich oft körperlich. Wenn du deinen Körper entspannst, kann sich auch dein Geist beruhigen. Hilfreiche
Techniken sind:

- **Tiefes Atmen** (*z. B. 4 Sekunden einatmen, 6 Sekunden ausatmen*)
- **Progressive Muskelentspannung** (*bewusst Muskeln anspannen und loslassen*)
- **Bewegung** (*ein Spaziergang, leichtes dehnen oder schütteln*)

4. Die Gedanken hinterfragen

Oft verstärkt sich Angst durch katastrophisierende Gedanken. Frage dich:

- *Ist das wirklich wahr, was ich denke?*
- *Was würde ich einem Freund raten, der das gleiche denkt?*
- *Was ist das Schlimmste, das passieren kann – und wie wahrscheinlich ist es?*

Angst annehmen
„Was tue ich denn jetzt?"

Wie du deine Angst annehmen kannst!
5. Kleine Schritte wagen
Wenn Angst dich von etwas abhält, dann teile die Herausforderung in kleine Schritte auf. Anstatt alles auf einmal zu bewältigen, frage dich: ‚*Was ist der kleinste Schritt, den ich jetzt gehen kann?*" und feiere jeden Fortschritt.

6. Mit anderen sprechen
Angst wird oft kleiner, wenn wir sie aussprechen. *Teile deine Gefühle mit einer vertrauten Person* oder suche professionelle Unterstützung, wenn du das Gefühl hast, nicht alleine weiter zu kommen.

Fazit
Angst ist ein Teil des Lebens aber sie muss dich nicht kontrollieren. **Durch bewusstes Wahrnehmen, Akzeptanz, Beruhigung** des Körpers, Hinterfragen der Gedanken und kleine Schritte kannst du lernen, besser mit ihr umzugehen. *Du bist stärker, als deine Angst* dir weismachen will!

Inneres Kind verstehen!

♥ ♥

„Kannst du mich hören?,
Kannst du mich sehen?"

Inneres Kind verstehen

"Kannst du mich hören?, Kannst du mich sehen?"

1. Dein inneres Kind hören - Was sagt es zu dir?

Das innere Kind meldet sich oft in Momenten, in denen wir uns unsicher, abgelehnt, überfordert oder unverstanden fühlen. Vielleicht tauchen Ängste, Traurigkeit oder Wut auf, die nicht direkt mit der aktuellen Situation zusammenzuhängen scheinen. Das sind Hinweise darauf, dass dein inneres Kind gehört werden will.

Übung: Die Stimme deines inneren Kindes entdecken

- Setze dich in Ruhe hin, schließe die Augen und stelle dir vor, dein jüngeres Ich sitzt vor dir.
- Frage es: „Wie fühlst du dich?", „Was brauchst du von mir?"
- Lass intuitiv eine Antwort in dir aufsteigen vielleicht als Gedanke, Bild oder Gefühl'

Oft sind es Worte wie: *„Ich habe Angst, nicht genug zu sein."* oder *„Ich will geliebt werden, so wie ich bin."* Nimm diese Stimme ernst. *Sie spricht aus einer tiefen Wahrheit deines Herzens.*

Inneres Kind verstehen

„Kannst du mich hören?, Kannst du mich sehen?"

2. Dein inneres Kind sehen - Wie kannst du es wahrnehmen?

Viele von uns haben gelernt, ihre verletzten Anteile zu verdrängen. Doch dein inneres Kind wartet darauf, dass du es wahrnimmst mit all seinen Gefühlen, Bedürfnissen und Träumen.

Wege, dein inneres Kind bewusst zu sehen:

- Erinnere dich an dich selbst als Kind. *Nimm ein Foto von dir aus der Kindheit und betrachte es liebevoll.*
- Was hat dieses Kind damals gebraucht?
- *Schreibe einen Brief an dein inneres Kind.* Sprich ihm Mut zu, so wie du es bei einem echten Kind tun würdest.
- Spiele und sei kreativ. *Dein inneres Kind lebt in Momenten der Freude,* Neugier und Kreativität... male, tanze, spiele ein Instrument oder lache einfach mal ohne Grund.

Inneres Kind verstehen

„Kannst du mich hören?, Kannst du mich sehen?"

3. Dein inneres Kind lieben - Wie kannst du es umarmen?

Dein inneres Kind will nicht verurteilt, sondern angenommen werden genau so, wie es ist. Selbst wenn es Schmerz oder Angst mit sich bringt, braucht es deine Liebe.

So kannst du dein inneres Kind in Liebe halten:

- Sprich mit dir selbst so, wie du mit einem echten Kind sprechen würdest:
  „Du bist gut so, wie du bist.", „Ich bin für dich da."
- *Umarme dich selbst!* Physisch oder innerlich, indem du dir vorstellst, wie du dein jüngeres Ich in die Arme nimmst.
- Erlaube dir, deine Gefühle zu fühlen, ohne sie zu bewerten. *Dein inneres Kind darf Angst, Wut oder Traurigkeit zeigen* und du darfst es trotzdem lieben.

Inneres Kind verstehen

„Kannst du mich hören?, Kannst du mich sehen?"

4. Dein inneres Kind akzeptieren - Wie kannst du es annehmen?

Wirkliche Heilung geschieht, wenn du dein inneres Kind nicht mehr als etwas siehst, das „repariert" werden muss, sondern als einen wertvollen Teil von dir.

Schritte zur Akzeptanz:

- *Erkenne, dass dein inneres Kind immer da sein wird* als Quelle deiner Verletzlichkeit, aber auch deiner Kreativität und Freude.
- *Sei geduldig mit dir.* Heilung ist kein schneller Prozess, sondern ein liebevolles, lebenslanges Annehmen.
- *Erkenne*, dass du heute der Erwachsene bist, der dein inneres Kind beschützen kann.

Fazit

Dein inneres Kind fragt dich: „*Kannst du mich hören? Kannst du mich sehen?*" und du hast die Wahl, ihm liebevoll zu antworten. Indem du es hörst, siehst, liebst und akzeptierst, schenkst du dir selbst Heilung und tiefe Selbstliebe.

Dein inneres Kind wartet nicht darauf, „*geheilt*" zu werden es wartet darauf, einfach sein zu dürfen.

Und du kannst ihm diese Erlaubnis geben.

Wie Angst deinen Körper beeinflusst

♥ ♥

"Symptome auf körperlicher,
emotionaler und geistiger Ebene"

Wie Angst deinen Körper beeinflusst

"Symptome auf körperlicher, emotionaler
und geistiger Ebene"

1. Körperliche Symptome

Angst aktiviert das autonome Nervensystem und setzt
Stresshormone wie Adrenalin und Cortisol frei.

Das führt zu:

- *Herzrasen & erhöhter Blutdruck* Der Körper
  bereitet sich auf Kampf oder Flucht vor.
- *Kurzatmigkeit oder Engegefühl in der Brust* Die
  Atmung wird flacher, manchmal Hyperventilation.
- *Schwitzen & Zittern* Der Körper verliert Wärme,
  Muskeln spannen sich an.
- *Schwindel & Benommenheit* Durch schnelle
  Atmung wird zu viel Sauerstoff aufgenommen.
- *Magen-Darm-Probleme* Übelkeit, Durchfall oder
  Magenkrämpfe durch Aktivierung des „Bauchhirns".
- *Muskelschmerzen & Verspannungen* Besonders in
  Nacken, Schultern und Kiefer durch dauerhafte
  Anspannung.
- *Erschöpfung & Schlafprobleme* Der Körper bleibt
  im Alarmzustand, was zu schlechter Regeneration
  führt.

Langfristige Folgen: Chronischer Stress kann zu
Bluthochdruck, Verdauungsproblemen,
Immunschwäche und anderen gesundheitlichen
Beschwerden führen.

Wie Angst deinen Körper beeinflusst

"Symptome auf körperlicher, emotionaler
und geistiger Ebene"

2. Emotionale Symptome

Angst beeinflusst unsere Gefühle stark und kann
langfristig unsere emotionale
Stabilität beeinträchtigen:

- Dauerhafte Nervosität & Unruhe   Ständiges Gefühl,
  auf „Habachtstellung" zu sein.
- *Reizbarkeit & innere Anspannung*   Oft kurze
  Zündschnur oder Gefühl der Überforderung.
- *Gefühl der Hilflosigkeit*   Angst kann lähmen und das
  Selbstvertrauen schwächen.
- *Plötzliche Panikattacken*   Intensive Wellen von
  Angst, oft mit Todesangst oder Kontrollverlust.
- *Depressive Verstimmung*   Angst und
  Hoffnungslosigkeit gehen oft Hand in Hand.
- *Soziale Ängste & Rückzug*   Angst vor Bewertungen
  oder Ablehnung kann Isolation fördern.

Langfristige Folgen: Unverarbeitete Angst kann zu
Depressionen, Burnout oder emotionaler Erschöpfung
führen.

Wie Angst deinen Körper beeinflusst

"Symptome auf körperlicher, emotionaler
und geistiger Ebene"

3. Geistige Symptome

Angst verändert die Art, wie wir denken, und beeinflusst
unsere Wahrnehmung der Welt:

- Zwanghaftes Grübeln
- („Overthinking")   Ständiges Analysieren und
  Hinterfragen von Situationen.
- Katastrophisierende Gedanken   Worst-Case-
  Szenarien fühlen sich real an.
- Konzentrationsprobleme   Der Fokus bleibt auf der
  Angst, statt auf wichtigen Aufgaben.
- Entfremdung & Derealisation   Gefühl, neben sich
  zu stehen oder die Umwelt sei unwirklich.
- Gedächtnisprobleme   Stress blockiert den Zugriff
  auf Erinnerungen und klares Denken.
- Perfektionismus & Kontrolle   Angst treibt oft das
  Bedürfnis an, alles perfekt zu machen.

Langfristige Folgen: Dauerhafte
Angst kann das Gehirn „umprogrammieren",
sodass Angst schneller ausgelöst wird und schwieriger
abzubauen ist.

Wie Angst deinen Körper beeinflusst

"Symptome auf körperlicher, emotionaler
und geistiger Ebene"

Fazit: Angst ist nicht nur im Kopf

Angst betrifft unseren gesamten
Organismus... Körper, Emotionen und
Gedanken. Sie kann sich tief einprägen und
chronisch werden, wenn sie nicht bewusst
wahrgenommen und verarbeitet wird. Doch
mit gezielten Techniken (Atemübungen,
Achtsamkeit, Therapie) kann man aus der
Angstspirale aussteigen und den Körper
wieder in Balance bringen.

Rückfälle verstehen und damit umgehen

♥ ♥

„Versteh mich, denn ich bin da!"

Rückfälle verstehen und damit umgehen

"Versteh mich, denn ich bin da!"

Ein Rückfall in Angst oder Panik fühlt sich oft wie ein Scheitern an. Doch das ist er nicht. Angst ist ein Teil von dir und manchmal meldet sie sich wieder, um dir etwas zu zeigen. Der Schlüssel liegt nicht darin, Rückfälle zu vermeiden, sondern darin, sie zu verstehen und mit ihnen umzugehen.

1. Warum passieren Rückfälle?

Ein Rückfall bedeutet nicht, dass du keinen Fortschritt gemacht hast.

Angst ist tief in deinem Nervensystem verankert, und unter bestimmten Bedingungen kann sie wieder auftauchen.

Typische Auslöser für Rückfälle:

- *Stress & Erschöpfung*   Dein Körper ist geschwächt, und alte Muster kommen hoch.
- *Emotionale Trigger*   Ein Erlebnis erinnert unbewusst an eine frühere Angstphase.
- *Unverarbeitete Gefühle*   Angst kann sich melden, wenn unterdrückte Emotionen nach oben kommen.
- *Veränderte Lebensumstände*   Übergänge wie ein Jobwechsel, Trennung oder Umzug können alte Ängste aktivieren.
- *Perfektionismus & Druck*   Der Anspruch, „geheilt" zu sein, kann Angst vor der Angst auslösen.

Rückfälle verstehen und damit umgehen

„Versteh mich, denn ich bin da!"

2. Was will der Rückfall dir sagen?

Ein Rückfall ist nicht dein Feind - er bringt
eine Botschaft mit.

Frage dich:

- Was löst meine Angst gerade aus?
- Habe ich mich überfordert oder meine Grenzen ignoriert?
- Gab es in letzter Zeit unverarbeitete Emotionen, die ich weggeschoben habe?
- Wie bin ich früher mit Angst umgegangen und welche neuen Werkzeuge kann ich jetzt nutzen?

Der Rückfall zeigt dir, wo noch Heilung nötig ist. Er ist eine Erinnerung, dich um dich selbst zu kümmern.

Rückfälle verstehen und damit umgehen

„Versteh mich, denn ich bin da!"

3. Wie du mit Rückfällen umgehen kannst

Anstatt dich gegen die Angst zu wehren, versuche, sie bewusst wahrzunehmen und liebevoll zu begleiten.

Akute Strategien:

- *Atem beruhigen*   Tiefe Bauchatmung (z. B. 4 Sekunden ein, 6 Sekunden aus) signalisiert deinem Nervensystem Sicherheit.
- *Erden & Präsenz schaffen*   Fokussiere dich auf deine Umgebung: Was siehst, hörst, fühlst du?
- *Selbstmitgefühl aktivieren*   Sprich mit dir wie mit einem guten Freund: „Es ist okay, dass ich mich so fühle. Ich bin sicher."
- *Bewegung & Körperkontakt*   Sanfte Bewegung oder sich selbst umarmen kann das Nervensystem beruhigen.

Langfristige Strategien:

- *Den Rückfall als Erfahrung sehen*   Jede Angstwelle ist eine Möglichkeit, neue Bewältigungsstrategien zu trainieren.
- *Nicht in Panik vor der Panik verfallen*   Akzeptiere, dass Angst manchmal wiederkommt, aber nicht bleiben muss.
- *Muster erkennen & vorbeugen*   Tagebuch schreiben kann helfen, Auslöser frühzeitig zu bemerken.
- *Unterstützung suchen*   Sprich mit jemandem darüber, ob Freund, Therapeut oder Selbsthilfegruppen

4. Fazit: Angst ist ein Begleiter, kein Gegner

Wenn Angst wieder auftaucht, will sie gehört und verstanden werden.

Sie sagt: „*Versteh mich, denn ich bin da.*"
Und du kannst ihr antworten: „*Ich sehe dich, aber du definierst mich nicht mehr.*" Rückfälle sind Teil des Heilungsprozesses und jedes Mal, wenn du dich bewusst mit deiner Angst auseinandersetzt, wirst du stärker und freier.

Der Sturm in mir!

♥ ♥

„Die Dunkelheit trägt Stürme!"

Der Sturm in mir!

"Die Dunkelheit trägt Stürme!"

Kapitel 1 - Wenn der Wind sich erhebt

Nicole lag wach. Wieder einmal. Die Dunkelheit ihres Zimmers war dicht, beinahe erdrückend, aber es war nicht die Nacht, die ihr Angst machte. Es war das, was in ihr tobte.

Die Stürme kamen leise. Erst ein Hauch von Unruhe, dann ein Flüstern, das sich mit Erinnerungen mischte.

Gedanken, die zu laut waren, um sie zu ignorieren. Hatte sie ihnen nicht schon so oft Gehör geschenkt, hatte sie nicht gelernt, dass sie früher oder später sowieso gewannen?

Sie rollte sich auf die Seite, die Decke eng um sich geschlungen. Ihr Kopf fühlte sich schwer an, ihr Körper noch schwerer. Das Handy auf ihrem Nachttisch vibrierte, aber sie ignorierte es.

Nachrichten, verpasste Anrufe... sie wusste, dass sie sich erklären sollte.

Doch wie erklärt man ein Gewitter, das man selbst nicht versteht?

Draußen heulte der Wind.

In ihr begann der Sturm.

Der Sturm in mir!

"Die Dunkelheit trägt Stürme!"

Kapitel 2 - Der erste Donner

Am Morgen war alles grau. Nicole zwang sich aus dem Bett, aber jeder Schritt fühlte sich an, als würde sie durch einen dichten Nebel gehen. Ihre Brust war eng, ihr Magen ein Knoten.

Sie stand vor dem Spiegel im Badezimmer. Ihre Augen lagen tief, dunkle Schatten zeichneten sich unter ihnen ab. "*Reiß dich zusammen*", flüsterte sie sich selbst zu. Sie versuchte zu lächeln.

Es sah nicht echt aus.

In der Küche wartete ihre Mutter. „*Du siehst müde aus, Schatz. Alles in Ordnung?*"

Nicole nickte. Natürlich war alles in Ordnung. Es musste in Ordnung sein.

„*Du solltest mal rausgehen, ein bisschen frische Luft wird dir guttun.*"

Rausgehen. So einfach. Als könnte man einen Sturm vertreiben, indem man sich in die Sonne stellt.

Sie presste die Lippen aufeinander, nahm ihr Glas Wasser und ging zurück in ihr Zimmer. *Vielleicht war heute einfach nicht der Tag, an dem sie kämpfen konnte.*

Der Sturm in mir!

"Die Dunkelheit trägt Stürme!"

Kapitel 3 - Der Sturm bricht los

Nachmittags saß sie auf ihrem Bett, das Handy in der Hand. Sie hatte so viele Nachrichten unbeantwortet gelassen.
Freunde, die sich sorgten. Freunde, die es irgendwann aufgaben.
Nicole wusste, dass sie antworten sollte.
Aber jede Nachricht fühlte sich wie eine Last an.
Wie sollte sie erklären, dass sie nicht zu müde war, um zu schreiben, sondern zu müde, um zu existieren?
Der Sturm in ihrem Kopf wurde lauter.
Gedanken kreisten, unaufhörlich. Du bist nicht genug. Du bist zu anstrengend. Niemand kann das verstehen.
Sie presste die Hände an ihre Schläfen.
"*Hör auf.*" Ihre eigene Stimme klang schwach.
Aber der Sturm hörte nicht auf.

Der Sturm in mir!

"Die Dunkelheit trägt Stürme!"

Kapitel 4 - Ein Lichtstrahl durch die Wolken

Dann... eine Nachricht.

"Ich weiß, du antwortest nicht, aber ich wollte, dass du weißt: Ich bin hier. Egal wann, egal wie. Ich bin da."

Nicole blinzelte. Die Worte fühlten sich warm an, ein schwacher Lichtstrahl, der durch die dunklen Wolken drang.

Sie legte das Handy nicht sofort weg. Stattdessen betrachtete sie die Nachricht lange. Vielleicht würde es nicht heute besser werden. Vielleicht nicht morgen. Aber vielleicht irgendwann.

Und vielleicht war es das, woran sie sich festhalten musste.

Der Sturm in mir!

"Die Dunkelheit trägt Stürme!"

Kapitel 5 - Der Regen wird leiser

Nicole starrte auf die Nachricht. Ihre Finger schwebten über der Tastatur, doch sie wusste nicht, was sie schreiben sollte. Es war nicht so, dass sie keine Antwort hatte... es gab zu viele.

"Es tut mir leid, dass ich mich nicht gemeldet habe."
"Ich weiß nicht, wie ich erklären soll, was in mir vorgeht."
"Ich wünschte, ich könnte einfach normal sein."

Doch all diese Sätze fühlten sich falsch an, zu schwer oder nicht genug. Also ließ sie das Handy sinken, zog die Knie an ihre Brust und lehnte den Kopf gegen die Wand. Draußen hatte es aufgehört zu regnen. Das prasseln der Tropfen war verstummt, doch in ihr fühlte es sich an, als würde es immer noch weiter regnen.
Vielleicht nicht mehr so stark wie vorher, aber
es war noch da.
Ein tiefer Atemzug. Dann noch einer.
Vielleicht war es genug, dass sie die Nachricht gelesen hatte. Dass sie wusste, jemand da draußen hatte sie nicht vergessen.
Vielleicht würde sie morgen antworten.
Oder übermorgen.
Aber nicht heute.
Heute war sie einfach nur da.
Und das musste reichen.

Der Sturm in mir!

"Die Dunkelheit trägt Stürme!"

Kapitel 6 - Der erste Sonnenstrahl

Am nächsten Morgen war die Welt nicht anders als sonst. Aber in Nicole war etwas anders. Ein kleines bisschen nur, kaum spürbar, aber es war da.

Sie saß auf dem Bett, das Handy in der Hand. Die Nachricht von gestern leuchtete noch immer auf dem Bildschirm.

Ihre Finger zitterten leicht, als sie zu tippen begann.

"Danke."

Nur dieses eine Wort. Mehr brachte sie nicht über sich. Aber es war etwas.

Wenige Minuten später vibrierte ihr Handy.

"Ich bin immer für dich da."

Nicole atmete aus. Ein Knoten in ihrer Brust löste sich ein wenig.

Der Sturm war nicht weg. Er würde noch oft zurückkommen, das wusste sie. Aber vielleicht... ganz vielleicht... würde sie ihn nicht mehr allein überstehen müssen.

Und während draußen die Sonne vorsichtig durch die grauen Wolken brach, ließ sie es zu, dass ein kleiner Lichtstrahl auch in ihr Inneres fiel.

Der Sturm in mir!

"die Dunkelheit trägt stürme!"

Kapitel 7 - Der Sturm vergeht nie ganz

Tage vergingen. Manche waren schwer, andere ein wenig leichter. Nicole wusste mittlerweile, dass Heilung kein gerader Weg war. Es gab Rückfälle, dunkle Nächte, Tage, an denen sich jeder Schritt anfühlte, als würde sie durch dichten Nebel gehen.

Aber es gab auch Momente wie diesen.

Sie saß auf einer Bank im Park, das Handy locker in den Händen. Neben ihr saß ihre Freundin. Diejenige, die ihr geschrieben hatte, als der Sturm am schlimmsten war. Sie redeten nicht viel, aber das mussten sie auch nicht.

Es war genug zu wissen, dass jemand da war.

"*Danke, dass du mich rausgeholt hast*", murmelte Nicole schließlich. Ihre Stimme war leise, aber ehrlich.

Ihre Freundin lächelte. „*Du hast mir geschrieben. Das war der erste Schritt.*"

Nicole senkte den Blick. Sie hatte es getan. Sie hatte sich geöffnet, wenn auch nur ein wenig. Es war nicht leicht gewesen, aber es hatte etwas verändert.

Der Wind strich sanft durch die Bäume, ließ die Blätter tanzen. Nicole schloss die Augen und atmete tief ein.

Der Sturm in ihr war nicht verschwunden. Er würde immer ein Teil von ihr sein.

Aber heute war er leiser.

Und das war genug.

Die Kälte in deiner Stimme!

„Deine eiskalten Worte..."

Die Kälte in deiner Stimme!

„Deine eiskalten Worte..."

Kapitel 1 - Gefrorene Luft

Worte konnten schneiden. Sie hinterließen keine sichtbaren Wunden, kein Blut, keine Narben, aber das machte sie nicht weniger schmerzhaft.

Letti wusste das nur zu gut.

„Du übertreibst wieder."

Der Satz klang noch in ihrem Kopf nach, während sie in ihrem Zimmer saß, und über das Leben nachdachte. Ihre Vater hatte es gesagt, ohne darüber nachzudenken, ohne zu ahnen, was es in ihr auslöste.

Sie hatte nicht geweint, nicht reagiert.

Stattdessen hatte sie gelächelt, genickt und so getan, als würde sie es nicht treffen.

Aber es hatte getroffen.

Es war nicht einmal das erste Mal.

Worte wie *„Stell dich nicht so an"* oder *„Andere haben es schwerer"* hatten sich mit der Zeit in ihr festgesetzt.

Sie wusste, dass ihre Familie es nicht böse meinte, aber das machte es nicht leichter.

Sie kämpfte jeden Tag mit sich selbst.

Mit den Gedanken, die zu laut wurden, mit der Schwere, die sich über sie legte.

Und dann kamen diese Sätze... kalt, schneidend, so beiläufig gesagt, als wären sie nichts.

Aber für sie waren sie alles.

Die Kälte in deiner Stimme!

„Deine eiskalten Worte…"

Kapitel 2 - Eiskristalle auf der Haut

„Du musst dich einfach zusammenreißen."
Letti zuckte innerlich zusammen, doch nach außen zeigte sie keine Reaktion.
Sie stand mit ihrer Freundin an der Bushaltestelle, zog den Schal enger um sich.
Sie fragte Letti, wieso sie in letzter Zeit so still war.
Warum sie Treffen absagte, warum sie oft nicht antwortete.
Und das war die Antwort gewesen.
Reiß dich zusammen. Als wäre es so einfach.
„Ja, stimmt…" murmelte Letti nur, um die Diskussion zu beenden. Sie lächelte schwach, als wäre es nichts weiter als eine beiläufige Bemerkung.
Aber in ihrem Inneren hatte sich etwas zusammengezogen, wie Eis, das sich langsam ausbreitete.
Sie wollte etwas sagen. Erklären, dass es nicht so leicht war, dass sie sich jeden Tag aufs Neue aufraffen musste, dass es sie Kraft kostete, überhaupt hier zu stehen.
Aber wozu? Sie würde es nicht verstehen.
Also schwieg sie und ließ das Eis wachsen.

Die Kälte in deiner Stimme!

„Deine eiskalten Worte..."

Kapitel 3 - Erstarrt

Die Kälte blieb.
Jeder Satz, jede Bemerkung, jedes unbedachte Wort
legte eine neue Schicht über sie. Sie fühlte sich immer
schwerer, als würde sie unter der Last der
Erwartungen zerbrechen.
„Es gibt keinen Grund, so empfindlich zu sein."
„Du suchst doch nur Aufmerksamkeit."
„Niemand mag Leute, die ständig schlecht drauf sind."
Letti fragte sich, ob sie wirklich zu empfindlich war.
Ob es an ihr lag.
Vielleicht war sie wirklich nur schwach.
Vielleicht machte sie sich alles nur schwerer, als es
sein musste.
Doch dann kam eine andere Stimme in ihrem Kopf,
leise, aber da: Es ist okay, zu kämpfen. Du bist nicht
falsch, nur weil andere dich nicht verstehen.
Aber es war schwer, dieser Stimme zu glauben, wenn
die Welt um sie herum so kalt war.

Die Kälte in deiner Stimme!

„Deine eiskalten Worte..."

Kapitel 4 - Tauwetter

Letti saß auf ihrem Bett, den Blick auf das Fenster gerichtet. Draußen zogen dunkle Wolken über den Himmel, doch irgendwo dahinter musste die Sonne sein. Irgendwo. Die Worte des Tages klangen noch nach... kalt, schneidend, als hätten sie sich in ihre Haut gebrannt: *„Du bist immer so sensibel."*
„Man kann ja gar nichts mehr sagen, ohne dass du es falsch verstehst." „Warum machst du es dir immer so schwer?" Letti wusste, dass es nicht böse gemeint war. Aber das machte es nicht besser.

Sie griff nach ihrem Handy, scrollte durch alte Nachrichten, blieb an einem Namen hängen. Jemand, dem sie lange nicht geschrieben hatte. Jemand, der einmal gesagt hatte: *„Ich verstehe nicht alles, aber ich höre dir zu."* Ihre Finger zitterten, als sie eine Nachricht eintippte. *"Geht es dir gut? Ich wollte mal wieder schreiben..."* Keine Erklärung, keine tiefen Gespräche nur eine kleine Brücke zurück. Das Handy vibrierte schneller, als sie erwartet hatte. *"Letti! Ich hab so oft an dich gedacht! Wie geht es dir?"*
Ein Kloß saß in ihrem Hals, aber diesmal fühlte es sich nicht nach erdrückender Enge an. Mehr nach ... Erleichterung. *Der Sturm in ihr war noch da. Die Kälte auch. Aber für einen Moment spürte sie, wie das Eis ein kleines bisschen taute.*

Die Kälte in deiner Stimme!

„Deine eiskalten Worte..."

Kapitel 5 - Über den Wolken

Letti lehnte ihren Kopf gegen das kühle Fenster des Flugzeugs und blickte nach draußen. Unter ihr lag ein endloses Meer aus Wolken, sanft und leuchtend in der Morgensonne.

Früher hätte sie sich in dieser Höhe unwohl gefühlt, genau wie in ihrem eigenen Kopf. Die Angst, die Unsicherheit, das Gefühl, jederzeit abstürzen zu können. *Aber jetzt? Jetzt war da Ruhe.* Sie dachte an die letzten Monate. An die Worte, die sie verletzt hatten, die Kälte, die sich in ihr ausgebreitet hatte. An die Momente, in denen sie geglaubt hatte, sie würde nie aus diesem Kreislauf herauskommen. *Doch dann war etwas passiert. Ein kleiner Schritt nach dem anderen. Ein Gespräch hier, eine ehrliche Nachricht dort. Und mit der Zeit hatte sie verstanden: Nicht die Worte anderer bestimmten, wer sie war. Sie selbst tat es.* Das Flugzeug flog durch eine Wolkendecke, und für einen kurzen Moment war alles weiß... doch dann tauchte es auf der anderen Seite wieder auf, direkt in das strahlende Blau des Himmels.

Letti atmete tief ein. Vielleicht würde es immer Menschen geben, die ihre Gedanken nicht verstanden. *Vielleicht würde es immer Worte geben, die wehtaten. Aber sie hatte gelernt, dass es über den Wolken immer Licht gab auch wenn man es nicht sofort sehen konnte.*

*Und heute, hier oben,
fühlte sie sich frei.*

Medikamente, Pro&Contra

♥ ♥

„Fluch oder Segen?"

Medikamente, Pro & Contra

„Fluch oder Segen?"

Positiv:	Negativ
• Reduzieren akute Angst und Panikzustände	• Können Nebenwirkungen wie Müdigkeit, Übelkeit verursachen
• Fördern emotionales Gleichgewicht	• Risiko von Abhängigkeit bei langfristiger Einnahme
• Ermöglichen eine bessere Lebensqualität	• Mögliche Entzugserscheinungen beim Absetzen
• Unterstützen andere Therapie-ansätze	• Können nicht die Ursachen der Angst behandeln
• Schnellere Linderung als Therapie allein	• Verzögerte Wirkung bei manchen Medikamenten
• Verbesserung von Schlaf und Konzentration	• Potenzielle Wechselwirkungen mit anderen Medikamenten
• Reduzieren körperliche Symptome wie Herzrasen	• Stigmatisierung bei Medikamenteneinnahme

Fazit:
Tabletten können Angst lindern und das Leben erleichtern, behandeln aber oft nur Symptome, nicht die Ursache - begleitende Therapie bleibt essenziell.

Eine der besten Hilfestellungen die ich kenne:

5 - 4 - 3 - 2 - 1
METODE DICH ZU BERUHIGEN

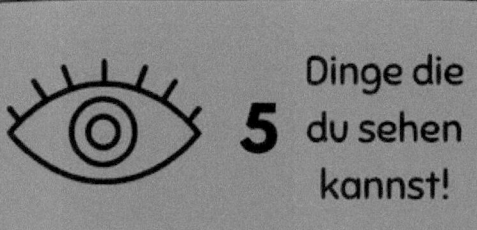 **5** Dinge die du sehen kannst!

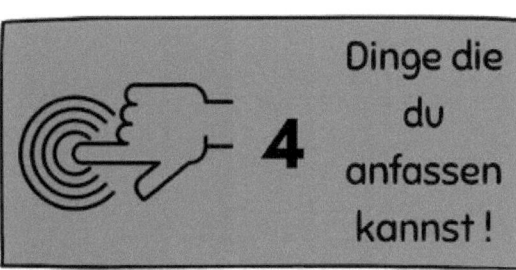 **4** Dinge die du anfassen kannst!

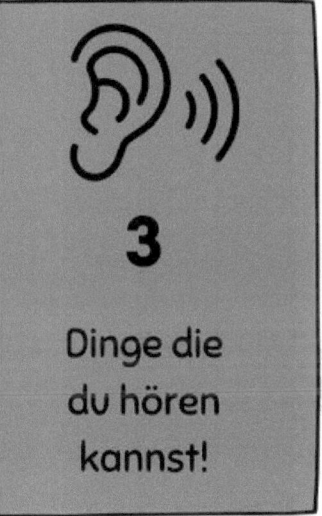

3

Dinge die du hören kannst!

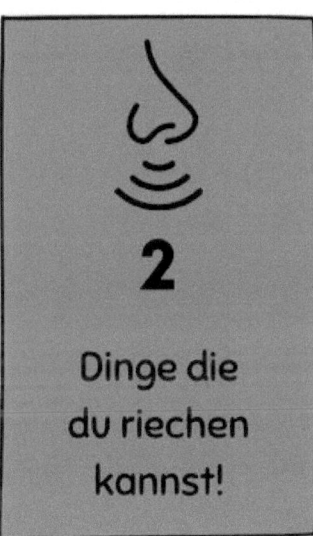

2

Dinge die du riechen kannst!

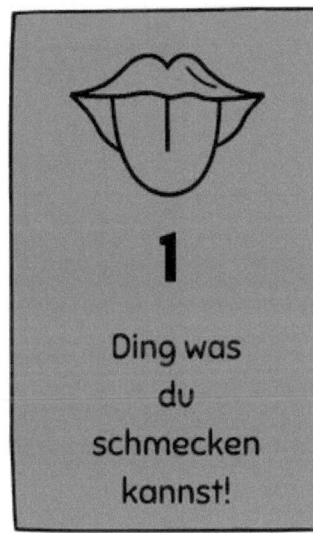

1

Ding was du schmecken kannst!

Kontaktiere mich gerne!

❤ ❤

„Nicht nur eine Autorin!"

Wenn du...

Jemanden zum reden brauchst:

Du kannst mir gerne schreiben, ich habe ein offenes Ohr für dich. Ich will nicht nur als Autorin angesehen werden, sieh mich als eine Freundin! Mit der du reden kannst, wenn du sie brauchst❣

@letizia_jolie_
: letizia.jolie@gmx.de
https://linkpop.com/letiziajolie

Positive Glaubenssätze

♥ ♥

„Weil du es verdient hast!"

Positive Glaubenssätze

"Weil du es verdient hast!"

Sprich sie laut aus:

- Ich bin genug, so wie ich bin.
- Ich verdiene Liebe und Respekt.
- Jeder Tag bietet neue Möglichkeiten.
- Ich habe die Kraft, Herausforderungen zu meistern.
- Ich vertraue auf meine Fähigkeiten.
- Fehler sind eine Chance zu wachsen.
- Ich bin fähig, mein Leben zu gestalten.
- Ich ziehe positives in mein Leben.
- Ich bin stolz auf das, was ich bereits erreicht habe.
- Ich lasse los, was mir nicht dient.
- Ich glaube an mich und meine Träume.
- Ich bin der Schöpfer meines Glücks.
- Ich finde Ruhe in mir selbst.
- Ich bin wertvoll und einzigartig.
- Ich bin stark genug, um alles zu überwinden.
- Ich bin in der Lage, Veränderung zu akzeptieren.
- Jede Erfahrung hilft mir, zu wachsen.
- Ich bin dankbar für alles, was ich habe.
- Mein innerer Frieden ist mein.
- Ich vertraue dem Prozess des Lebens.
- Ich entscheide mich für Glück und Zufriedenheit.
- Ich lasse negative Gedanken los.
- Ich bin umgeben von Liebe und Positivität.
- Ich bin stolz auf meine Fortschritte.

Positive Glaubenssätze

„Weil du es verdient hast!"

Sprich sie Laut aus:

- Ich habe alles, was ich brauche, um erfolgreich zu sein.
- Ich bin ein Magnet für positive Energie.
- Ich bin dankbar für jeden neuen Tag.
- Ich nehme mir die Zeit, auf mich selbst zu achten.
- Ich bin bereit, das Beste aus jedem Moment zu machen.
- Ich verdiene es, glücklich zu sein.
- Ich bin im Einklang mit mir selbst.
- Alles, was ich brauche, ist bereits in mir.
- Ich lasse Ängste los und öffne mich für Möglichkeiten.
- Ich vertraue darauf, dass sich alles zum Guten wendet.
- Ich bin stärker, als ich denke.
- Ich ziehe Menschen an, die mir gut tun.
- Ich bin mutig und gehe meinen eigenen Weg.
- Ich bin dankbar für jede Herausforderung, die mich stärkt.
- Ich schätze mich selbst und meine Bedürfnisse.
- Ich wähle Frieden und Harmonie in meinem Leben.
- Ich glaube an das Gute in mir und anderen.
- Ich bin frei, meine eigene Geschichte zu schreiben.
- Ich ziehe positive Veränderungen in mein Leben.
- Ich bin fähig, mein bestes Leben zu leben.
- Ich habe die Macht, meine Gedanken zu steuern.
- Ich bin dankbar für die Fülle, die mich umgibt.
- Ich habe den Mut, meine Träume zu verfolgen.

Positive Glaubenssätze

"Weil du es verdient hast!"

Vervollständige die Sätze:

1. Ich bin _____ genau so wie ich bin.

2. Ich vertraue auf _____ und meine Fähigkeiten!

3. Jeden Tag werde ich _____ und stärke.

4. Ich ziehe _____ in mein Leben!

5. Ich bin dankbar für _____ in meinem Leben.

6. Ich bin fähig _____ zu erreichen!

7. Ich lasse los, was mir _____ und öffne mich für neues!

8. Ich glaube an _____ und meine Zukunft!

9. Ich bin stolz auf _____ und die Schritte die ich gehe!

10. Ich entscheide mich für _____ und inneren Frieden!

11. Ich bin _____ genug, um meine Träume zu

verwirklichen!

Positive Glaubenssätze

„Weil du es verdient hast!"

Kreuze an:(nur positive Dinge zum ankreuzen)

Satz 1:

„Ich bin genug, so wie ich bin."

- ☐ Ja, ich schätze mich selbst und akzeptiere mich mit all meinen Stärken und Schwächen.
- ☐ Ich erkenne meinen eigenen Wert und lasse mich nicht vo: äußeren Meinungen beeinflussen.

Satz 2:

„Ich bin bereit für positive Veränderungen."

- ☐ Ja, ich öffne mich für neue Möglichkeiten und freue mich auf das, was kommt.
- ☐ Ich begrüße Veränderungen und weiß, dass sie mir helfen, zu wachsen.

Satz 3:

„Ich vertraue auf meine innere Stärke."

- ☐ Ja, ich weiß, dass ich alles bewältigen kann, was mir begegnet.
- ☐ Ich bin in der Lage, jede Herausforderung mit Zuversicht anzunehmen.

Positive Glaubenssätze

"Weil du es verdient hast!"

Kreuze an:*(nur positive Dinge zum ankreuzen)*

Satz 4:

"Ich ziehe positive Energie in mein Leben."

- ☐ Ja, ich konzentriere mich auf das Gute und ziehe positive Menschen und Erlebnisse an.
- ☐ Ich umgebe mich mit positiven Einflüssen, die mich weiterbringen.

Satz 5:

"Ich bin stolz auf das, was ich erreicht habe.'

- ☐ Ja, ich feiere jeden Erfolg, egal wie klein, und bin stolz auf meine Fortschritte.
- ☐ Ich erkenne meine Erfolge an und weiß, dass ich auf dem richtigen Weg bin.

Satz 6:

"Ich bin ein Magnet für Erfolg und Wohlstand."

- ☐ Ja, ich ziehe positive Gelegenheiten und Wohlstand an, weil ich an mich selbst glaube.
- ☐ Ich bin offen für alle positiven Möglichkeiten, die mir das Leben bietet.

Positive Glaubenssätze

„Weil du es verdient hast!"

„Der Weg zu mir"

Sabrina stand vor dem Spiegel und betrachtete ihr eigenes Gesicht. Ihre Augen wirkten müde, ihre Schultern hingen leicht nach vorne. Seit Wochen fühlte sie sich gefangen in einem Strudel aus Selbstzweifeln und Unsicherheit. Die Stimme in ihrem Kopf flüsterte ständig: *„Du bist nicht gut genug. Du wirst es nie schaffen."*
Doch heute wollte sie etwas ändern.
Sie erinnerte sich an ein Gespräch mit ihrer besten Freundin Luna. *„Weißt du, manchmal geht es nicht darum, dass die Welt sich ändert... sondern dass du anfängst, anders auf sie zu schauen,"* hatte Luna gesagt. *„Vielleicht solltest du versuchen, anders mit dir selbst zu sprechen."*
Sabrina seufzte. Konnte das wirklich so einfach sein?
Sie drehte sich vom Spiegel weg, nahm ein kleines Notizbuch und begann zu schreiben:
Ich bin genug, so wie ich bin.
Ich verdiene es, glücklich zu sein.
Ich bin stärker, als ich denke.
Am Anfang fühlten sich die Worte fremd an. Fast so, als würde sie sich selbst belügen. Doch sie versprach sich, es trotzdem zu versuchen. Jeden Morgen las sie die Sätze laut vor. Es war ungewohnt, aber nach und nach fühlte es sich weniger seltsam an.

Positive Glaubenssätze

„Weil du es verdient hast!"

„Der Weg zu mir"

Eines Tages, als sie einen schwierigen Tag hatte, flüsterten die alten Zweifel wieder. *„Du wirst es nicht schaffen."* Doch diesmal hörte sie eine zweite Stimme in sich... eine neue, sanfte, aber kraftvolle:

„Doch, ich kann es schaffen."

Zum ersten Mal seit langer Zeit lächelte sie sich selbst im Spiegel an. **Vielleicht war das der Anfang von etwas Neuem.**

....

Sabrina blieb vor dem Spiegel stehen und betrachtete sich erneut. Doch diesmal war es anders. Sie suchte nicht nach Fehlern oder Schwächen.

Stattdessen sah sie eine junge Frau, die jeden Tag ein kleines bisschen mehr zu sich selbst fand.

Es war ein Prozess gewesen. Am Anfang hatte es sich falsch angefühlt, sich selbst Komplimente zu machen.

Die Zweifel waren nicht einfach verschwunden, aber sie hatten an Macht verloren. Jeden Morgen las sie ihre positiven Glaubenssätze vor, und jeden Tag bemerkte sie, wie sich ihr Blick auf sich selbst veränderte.

Eines Nachmittags, als sie durch den Park spazierte, blieb sie stehen und atmete tief ein. Die Sonne wärmte ihre Haut, ein leichter Wind spielte mit ihren Haaren. Früher hätte sie solche Momente kaum wahrgenommen, weil ihre Gedanken zu laut gewesen wären.

Doch jetzt? Jetzt war da ein Gefühl von Frieden.

Positive Glaubenssätze

„Weil du es verdient hast!"

„Der Weg zu mir"

„Ich bin genau richtig, so wie ich bin," flüsterte sie und spürte,
wie sich etwas in ihr löste.
Sie begann, sich mit Liebe zu behandeln, nicht nur
in Gedanken, sondern auch in Taten.
Sie kaufte sich Blumen, einfach so.
Sie nahm sich Zeit für Dinge, die ihr guttaten, sei es
ein Buch zu lesen oder barfuß durch das Gras zu laufen.
Sie sprach mit sich selbst wie mit einer guten Freundin, mit
Verständnis und Mitgefühl.
*Und eines Morgens, als sie ihr Spiegelbild betrachtete, dachte sie
nicht mehr „Bin ich genug?"*
Sondern sie wusste:
Ja. Ich bin genug.
Und ich liebe mich so, wie ich bin.

Positive Glaubenssätze

„Weil du es verdient hast!"

An dich, der*die das gerade liest:

Ich weiß, dass es Tage gibt, an denen du an dir zweifelst. An denen die innere Stimme laut wird und dir einredet, du wärst nicht genug. Vielleicht fühlst du dich verloren, vielleicht kämpfst du mit Gedanken, die schwer auf deiner Seele liegen. Und vielleicht fragst du dich, ob es jemals leichter wird.

Lass mich dir sagen: *Du bist genug.*

Genau so, wie du bist. Nicht erst, wenn du mehr erreicht hast, nicht erst, wenn du „perfekt" bist sondern jetzt, in diesem Moment. Auch an den dunklen Tagen, auch wenn du gerade nicht an dich glauben kannst.

Ich weiß, dass es leichter gesagt als getan ist. Es ist nicht immer einfach, sich selbst zu lieben, wenn das Leben stürmisch ist.

Aber du verdienst diese Liebe gerade dann, wenn du am meisten an ihr zweifelst.

Gib dich nicht auf. Kämpfe für dich. Du bist es wert, dir selbst mit Freundlichkeit zu begegnen. Du bist es wert, dich Schritt für Schritt aus der Dunkelheit ins Licht zu führen.

Und wenn du heute nur einen kleinen Schritt gehen kannst, dann sei stolz darauf. Denn jeder kleine Schritt zählt.

Jeder neue Tag gibt dir die Möglichkeit, liebevoller mit dir selbst zu sein.

Vergiss nicht: Auch Stürme ziehen weiter. Und du? Du wirst stärker aus ihnen hervorgehen.

Unsere Gedanken
in euren Worten

❤ ❤

„Wenn es dir schlecht geht,
wieso lachst du dann?"

Unsere Gedanken in euren Worten

„Wenn es dir schlecht geht, wieso lachst du dann?"

Vergleichen wir folgende Sätze:

„Wenn es dir so schlecht geht, wieso lachst du dann?"

Weil Lächeln einfacher ist, als jedes Mal zu erklären, was in mir vorgeht.

„Du hast doch alles, warum bist du trotzdem unglücklich?"

Weil psychische Krankheiten nicht davon abhängen, wie viel man besitzt, sondern wie viel man fühlt.

„Du siehst doch ganz normal aus, was soll denn nicht stimmen?"

Nicht jede Wunde ist sichtbar manche Narben trägt man im Herzen.

„Reiß dich doch einfach mal zusammen!"

Wenn es so einfach wäre, hätte ich es längst getan.

„Du bist doch gar nicht allein, wir sind doch da!"

Man kann sich inmitten von Menschen trotzdem einsam fühlen.

„Warum machst du dir immer über alles so viele Gedanken?"

Weil mein Kopf keine Pause kennt und meine Ängste lauter sind als eure Worte.

„Es gibt doch Menschen, denen es viel schlechter geht als dir."

Der Schmerz anderer macht meinen nicht weniger real.

„Warum suchst du immer nach Problemen?"

Ich suche nicht danach. Mein Kopf findet sie von ganz allein.

Öffne mich!

Schreibe auf der Folgenden Seite, einen Brief an dich selbst, erzähle von deinen Emotionen, und lass deinen Gedanken freien Lauf! Wenn dir nichts einfällt, nimm dir alleine einen Moment Ruhe und lasse deine Gedanken kreisen! 🎈

Liebes Ich,

In liebe,

"Du hast bereits alles in dir, was du brauchst, um stark zu sein."
Letizia 🖤

❤ ❤

DEINE NOTFALL KONTAKTE:

Telefonseelsorge Deutschland

- Telefon: 0800 111 0 111 oder 0800 111 0 222
- Chat & Mail: www.telefonseelsorge.de
- Kostenlos, anonym und rund um die Uhr erreichbar.

Psychiatrische Notaufnahmen

An Kliniken mit psychiatrischen Fachabteilungen findest du Hilfe in akuten Notfallen. Suche nach „Psychiatrische Notaufnahme + [deine Stadt]".

Krisenchat

· Chat-Beratung für junge Menschen bis 25 Jahre: www.krisenchat.de
· Auch per WhatsApp erreichbar.

Weitere Online-Hilfsangebote

1. Angst-Hotline (Selbsthilfe bei Angst und Panik)
· Infos und Austausch auf: www.angstselbsthilfe.de
2. Selfapy
· Online-Therapie mit Unterstutzung: www.selfapy.de
3. Icarus Online
· Unterstützung bei Panik- und Angststörungen: www.icarus-krisen.de

Notfall bei akuter Gefahr

1. Notruf 112
· Wenn akute Selbst- oder Fremdgefahrdung besteht oder medizinische Hilfe erforderlich ist.
2. Polizei - Notruf 110
· Bei Gefahrensituationen oder Bedrohungen.

Diese Kontakte sind darauf spezialisiert, dich zu unterstützen. Du bist nicht allein - Hilfe ist jederzeit verfügbar.

Danke für's lesen meine lieben! Ich hoffe von euch zu hören!

❤ ❤

In Liebe
Letizia Jolie Nicola

Poesie by Letizia

Unsichtbar laut
Ich rufe in Räume, die stumm mich verschlucken,
ein Flüstern im Lärm, das keiner bemerkt.
Die Welt dreht sich weiter in hastigen
Stücken,
und ich bin ein Schatten, vom Alltag gestärkt.
Ich male mich groß auf den Wänden der
Tage,
doch Regen verwischt, was von mir dort bestand.
Mein Echo verblasst in der endlosen Frage:
Wer sieht mich, wer liest mich, wer reicht mir die
Hand?
Die Straßen sind voll von vergessenen
Namen,
von Stimmen, die leise nach Antwort fleh'n.
Wir tragen uns selbst wie verlöschende
Flammen,
doch wollen im Dunkel noch leuchten und geh'n.
Vielleicht ist das Sehen kein Blick, sondern Fühlen,
ein Erkennen im Wort, in der Seele, im Sein.
Vielleicht reicht ein Herz, um Mauern zu spülen,
und ich bin nicht unsichtbar - nur noch nicht
daheim.

Die Welt wird uns Hören!